Lär Bibeln kalvinism?

Christian Martinsson

Krumau am Kamp

Förlag: BoD – Books on Demand, Stockholm, Sverige

Tryck: BoD – Books on Demand, Norderstedt, Tyskland

ISBN: 978-91-7851-975-0

Innehåll

4

Förord

Året är 2010 och jag flyttar hem till Sverige igen efter några år utomlands. Väl hemma i Sverige kommer jag i kontakt med något som kallas kalvinismen. Direkt när jag hörde det presenteras accepterade jag det inte. Det kändes fel och inte vad bibeln lär. Efter ett tag hade jag dock svalt hela läran, alla de fem punkterna. Jag minns dagen när jag svalde predestinationsläran, hur jag inombords uppfylldes av kylighet. Jag hade accepterat läran och ville sprida mina nya upptäckter, som jag trodde var sanningen, vidare.

Några år senare var jag i en diskussion med en som inte höll med om läran. Personen lyckades för en stund övertyga mig att jag hade fel. Jag kände återigen värme och glädje, och kyligheten försvann ur hjärtat. Det varade dock bara i en timme. Sedan läste jag Jeremia 1:5, där det står "Innan jag formade dig i moderlivet kände jag dig, och innan du kom ut ur modersskötet helgade jag dig. Jag satte dig till en profet för folken. "

Jag var åter övertygad om att personen som hade försökt att övertyga mig hade fel. Kylan kom tillbaka. Det dröjde ytterligare några år innan jag slutligen kom ur läran, efter att ha läst en bok som handlade om reformatorerna och deras styvbarn. När jag denna gången lämnade läran uppfylldes jag återigen av kärlek och värme, och den där kylan försvann.

Man skall inte gå på känslor utan måste följa bibeln, kommer genast en kalvinist att tänka. Det är till viss del sant, men inte fullt ut.

6

Andens frukt är ju bland annat glädje, och glädje är ju en känsla. Jag fick nyligen ett meddelande ifrån en gammal vän till mig, som numera är pingstpastor. Han hörde att jag hade lämnat kalvinismen och var glad över det. Han gav en kommentar också; att jag ser så glad ut nu för tiden. Men, när jag hade fallit in i kalvinismen, såg han aldrig någon glädje i mina ögon.

En annan jag känner, som är kalvinist, var hemma hos mig för att hämta lite böcker. Hans kommentar var att, ”Du ser så glad ut”. Detta vittnesbörd är mitt personliga och kanske inte vad alla kalvinister har upplevt eller kommer att uppleva men så här var det för mig...

Med det sagt vill jag samtidigt vara ödmjuk och mild emot mina kalvinistiska vänner. Många kalvinistiska församlingar är i grunden starka och stabila, de står upp för många av bibelns sanningar i en förvirrad tid. De håller fast vid ordet. De förkunnar ofta bibeln vers för vers. De är inte liberala. Allt sådant behöver man ta vara på och hålla fast vid. Det är inte det som är problemet. Det problematiska är när man omfamnar alla de fem punkterna, som den här boken granskar. Problemet är att en hård och kylig bild av Gud sprids, alltså en bild av Gud som bibeln inte lär och som jag tror kan få negativa konsekvenser i längden.

En bibellärare, som brukar hålla seminarier på teologiutbildningar nere på Filippinerna, är såpass gammal att han har berättat att han hade erfarit kalvinismen komma i tre omgångar i sitt hemland. De två första omgångarna försvann det relativt snabbt, då frukten av läran blev att församlingar som var levande och växte så det knakade dog ut andligt när kalvinismen infiltrerade. Jag tror att Gud kan använda många kalvinister trots deras felaktiga lära, men i längden kommer Gud inte att välsigna detta och det var därför det har tagit död på församlingar och vågen har dött ut. Nu är det den tredje vågen i hans hemland och skillnaden nu är att det finns internet och det sprider sig mycket snabbare och bredare än tidigare. Därför anser jag denna bok, skriven av Christian Martinsson, vara viktig.

Christian är en god vän till mig och vi har känt varandra i många år. Han är numera bibellärare i en hemförsamling nere i Österrike.

Josef Löwdin

förkunnare och bibellärare

Inledning

Bibeln talar på många ställen om Guds utvalda, till exempel i Ef. 1:4: "…liksom han innan världens grund blev lagd har utvalt oss i honom för att vi skulle vara heliga och fläckfria inför honom." Rom. 8:29f antyder att Gud i förväg har känt vissa människor, som han har förutbestämt till att formas efter sin Sons bild. Paulus beskrivning i dessa verser tycks dessutom tala för att de som Gud har utvalt inte kan förlora sin frälsning, eftersom han skriver att Gud [redan] har förhärligat dem. Det går inte att förneka att Bibeln innehåller verser som talar om utkorelse och predestination. Frågan är emellertid vad som egentligen menas med "de utvalda."

Kalvinister menar att de verser som talar om Guds utvalda har innebörden att det är Gud som förutbestämt precis vilka individer som ska bli frälsta och (indirekt) vilka som ska gå förlorade.[1] Detta gjorde han redan innan han skapade världen och helt oberoende av att i förväg se vilka som kommer att leva i trons lydnad gentemot

---

1 Många moderna kalvinister lär inte uttryckligen att Gud även förutbestämt vilka som ska bli fördömda (dubbel predestination), utan att Gud endast har utvalt vilka som ska bli frälsta. John Calvin, upphovsmannen till kalvinismen, lärde dock dubbel predestination.

8

honom. Kalvinismen lär istället att det är Gud som ger tro till de utvalda, och den nåd dessa behöver för att förbli i tron, så att de blir bevarade i ett frälst tillstånd hela livet. Gud utväljer således inte dem som tror, utan tron i sig är helt och hållet en gåva från Gud, som enbart de utvalda får. Med andra ord har Gud i princip slumpmässigt utvalt vilka som ska få evigt liv i härlighet och vilka som ska bli förtappade för evigt. Han har alltså utvalt vissa och inte andra enbart därför att han, innan någon av oss fanns, helt enkelt valde att endast älska vissa människor och ge dem evigt liv, medan han valde att utlämna resten av mänskligheten åt att dö i sina synder och gå förlorade för evigt.

R.S. Foster har väl sammanfattat hur absurt det faktiskt är att tro att detta är vad Bibeln lär:

> *"Vad mer behöver djävulen göra? Varför ska han
> gå fram över jorden för att söka byte? Varför ska
> han jaga efter människors själar? Han har redan sin
> del! De har alla blivit uppräknade, varenda själ!
> Deras namn och antal är bestämt! Han kan inte få
> en till, även om han rör himlen och jorden – även
> om han anlitar sändebud i helvetet. Han kan inte gå
> miste om någon – saken är för alltid omöjlig, ty Gud
> är förpliktad – han har gett dem åt djävulen i ett
> evigt förbund – de skapades åt honom – hans måste
> de också vara! Han behöver inte vaka eller minska
> sin vila, ty Gud kommer att föra dem alla säkert
> fram till honom, och ingen varelse kan rycka någon
> av dem ur hans hand! ... Varför gör du dig besvär
> över dem som Gud har gett åt djävulen? Skulle du
> kunna råna honom? Det är omöjligt! Vilken dårskap
> du är skyldig till! Be, predika, sörj, gråt, gör dig
> bedrövad – för vad? Vet du inte att allt är förgäves?
> Ingen kan gå förlorad av dem som Kristus dog för;
> ingen kan komma undan av dem han inte dog för.*

Låt djävulen och de kristna sluta med sin dåraktiga fiendskap, och stifta fred – låt världen vila, ty Gud kommer inte att lura djävulen på en enda själ som tillhör honom, och han kan inte stjäla någon som tillhör Kristus, och kristna kan inte göra något genom att störa! Låt den dåraktiga fiendskapen upphöra för evigt."[2]

Det finns en del texter och verser kalvinister kan använda som stöd för sina läror, annars skulle knappast någon bibeltroende kristen anamma kalvinismen. Vi kommer i denna bok behandla flera av dessa "kalvinistiska" bibelställen, för att se om de verkligen överensstämmer med Bibelns helhetsbudskap.

Om man slår upp de bibelställen som kalvinister använder sig utav för att stödja sin lära, kan man vid en första anblick få intrycket att de faktiskt stödjer deras sak. Något vi alla behöver ha klart för oss är dock att ingen bör anamma en viss lära utan att gå till botten med vad hela Bibeln har att säga om den. Alltför många kyrkor, samfund, teologer och pastorer baserar inte sina läror på summan av Guds ord, utan endast på vissa bibelställen. Detta är den stora anledningen till att kyrkan är så splittrad idag. De olika samfunden har för länge sedan bestämt sig för vad de ska tro på och ristat sina läror i sten, det vill säga i olika trosbekännelser. Man är många gånger inte beredd att ge upp någon eller flera punkter i sitt samfunds trosbekännelse. Därför behöver kristna ledare och förkunnare överbetona de bibelställen som verkar stödja det egna samfundets specifika läror, medan man på olika sätt behöver förklara bort många andra ställen, som inte går ihop med samma läror. Bibeln är dock inte en klipp-och-klisterbok, utan den sann

---

2 R.S. Foster, Objections to Calvinism As It is (1856), ss 137–138. Egen översättning till svenska. Som väl är, är många kalvinister ändå angelägna om att nå människor med evangeliet.

kristna läran är baserad på vad Bibeln i sin helhet lär om olika ämnen.

I den tidiga kyrkan, det vill säga kyrkan före konciliet i Nicaea år 325, baserade de kristna överlag sina läror på vad hela Bibeln lär. I och med att de betonade att de levde under det nya förbundets tid, utgick de först och främst ifrån Nya Testamentets böcker. De tidiga kristna lade dessutom stor vikt vid Jesu egna undervisning i evangelierna. Jesus har själv sagt att hans lärjungar inte ska upphöja någon man till lärare vid sidan av honom själv.[3] Med detta menade Jesus att han själv är den främsta läraren i det nya förbundets tid. Detta bekräftas på många ställen i Nya Testamentet.[4] Därför har många protestanter gjort ett fundamentalt fel då de i sin teologi utgår från Paulus brev och tolkar resten av Skriften i ljuset av dem. Petrus skrev dessutom att det i Paulus brev finns mycket som är svårt att förstå och som redan på hans tid missbrukades av personer som förvred sanningen.[5] Många som utgår från Paulus brev tolkar det som står i dem på ett sådant sätt att det strider emot Jesu egna ord. Jesus talade ju om att gärningar, i form av lydnad av hans bud, kommer ha betydelse för att förbli i honom och ärva det eviga livet i hans rike.[6] Paulus, å andra sidan, skriver mycket om att man blir rättfärdig genom tro och inte genom gärningar.[7] Kalvinister har i

---

3 Matt. 23:10.

4 Se bland annat Matt. 17:5; 28:18–20; Luk. 9:26; Joh. 12:48; 14:21-23; Apg. 3:22f; 1 Kor. 9:21; 1 Tim. 6:3; Hebr. 1:2.

5 2 Petr. 3:15f

6 Se exempelvis Matt. 7:24-27; 13:36-43; 25:31–46; Joh. 5:28f; 15:1–10

7 Det råder ingen verklig motsättning mellan Jesus och Paulus lära om rättfärdiggörelsen. Skillnaden ligger i betoningen. Medan Jesus betonade vikten av efterföljelse och lydnad av hans bud för att kristna ska förbli i ett frälst tillstånd, skrev Paulus mycket om hur man blir frälst från början. Man blir förklarad rättfärdig inför Gud av nåd genom tron, helt utan gärningar. För att förbli i Jesus behöver man dock även vandra i tro och göra trons goda gärningar,

första hand kommit fram till sina läror genom att betona de saker i Paulus brev som verkar tala för att Gud förutbestämt vilka som ska bli frälsta, helt oberoende av hur människor lever. Hur ska vi förstå detta? Säger Paulus emot Jesus själv?

I den tidiga kyrkan löste man inte problemet genom att överbetona vad Paulus skrev om rättfärdiggörelse genom tro eller utkorelse, medan Jesu ord förklaras bort. Istället lärde de tidiga kristna hela sanningen. Sanningen är att man blir frälst genom tro, Guds utväljande och gärningar. Vad! Nu säger du emot dig själv fullständigt, kanske du tänker? Anledningen till att du tänker så är att protestanter ofta fått lära sig att det råder en fullständig motsättning mellan frälsning genom tro och frälsning genom gärningar. Kalvinister menar dessutom att deras lära om Guds utväljande av vissa till frälsning utesluter all form av medverkan från människans sida. De tidiga kristna hade en annan syn än dagens protestanter. I och med att de baserade sin tro på vad Nya Testamentet i sin helhet lär såg de ingen motsättning mellan Paulus undervisning om rättfärdiggörelse genom tro, i bland annat Romarbrevet, och Jakobs undervisning om att man inte enbart förklaras rättfärdig genom tro, utan också genom gärningar.[8] Gud har inte slumpmässigt utvalt vilka som kommer bli frälsta, utan hans utkorelse är en villkorlig sådan. De som uppfyller villkoren, det vill säga tro, omvändelse, dop och trons lydnad intill slutet utgör de utvalda. Alla har möjligheten att bli del av Guds utvalda folk, eftersom Gud i Kristus har försonat världen med sig själv.[9]

I den tidiga kyrkan lärde man vidare att frälsningsprocessen inte är fullbordad så fort man har blivit född på nytt. Alla de synder man

---

vilket även Paulus betonade, till exempel i 1 Kor. 7:19; Gal. 6:7–10; Ef. 5:1–6 och 1 Tim. 6:10ff.
8 Jak. 2:21-26.
9 2 Kor. 5:19.

begått innan man blivit kristen har man blivit förlåten, men alla ens framtida synder är inte automatiskt förlåtna i förväg. Det finns alltså en verklig risk att förlora sin frälsning, om man avfaller från tron och/eller om man börjar leva i olydnad gentemot Jesu och apostlarnas bud. Denna bok har därför också som syfte att, utifrån Skriften, bevisa att den populära läran att en pånyttfödd kristen inte skulle kunna förlora sin frälsning är falsk. En sann, pånyttfödd kristen kan både avfalla genom av att han eller hon lämnar tron, eller genom att börja leva i synd igen, vilket leder till den eviga döden. Det är inte alla som tror på läran om evig och ovillkorlig säkerhet för pånyttfödda kristna som är kalvinister, men det är i grunden en kalvinistisk lära. Ett annat viktigt syfte med boken är att göra det klart att kalvinismen, som kan verka biblisk om man betonar de verser som verkar tala för den, definitivt inte håller provet vid en granskning av vad Skriften i sin helhet lär. Bibeln innehåller så mycket material som motbevisar kalvinismen att den här boken skulle bli väldigt lång om alla verser som är relevanta i frågan behandlades. Därför kommer vi fokusera på de viktigare texterna i Bibeln om Guds karaktär, utkorelse, människans tillstånd efter syndafallet och fri vilja.

Kapitel 1 – Kalvinismens läror och lite om historien bakom dem

Denna boks viktigaste syfte är att klargöra vad Bibeln egentligen lär angående frågor som angår oss alla, nämligen om ditt och mitt eviga öde redan har avgjorts av Gud. Är det redan klart om du och jag kommer att vara evigt saliga i Guds rike, eller vara fördömda för evigt? Är det förutbestämt var din son och dotter, far och mor, syster och bror, och så vidare, kommer att tillbringa evigheten? Eller, har vi alla en verklig möjlighet att påverka vårt eget och andras eviga tillstånd? Innan vi går djupare in på vad Bibeln lär angående dessa mycket viktiga frågor, behöver vi ha klart för oss vad kalvinismen egentligen är. Stämmer det verkligen att kalvinismen lär att alla människors eviga öde är förutbestämt av Gud? Ja, vi ska nu ta upp några exempel som visar att så är fallet.

Den kände reformatorn Jean Calvin (1509–1564), som förstås gett namn åt "kalvinismen," formulerade sin förståelse av vad Bibeln lär om predestination på, bland annat, följande sätt: "Predestination kallar vi Guds eviga dekret, genom vilket han inom sig själv bestämt vad han ville att varje individ av mänskligheten skulle bli; ty de har inte alla skapats för ett liknande öde, utan evigt liv har förutbestämts för vissa, och evig fördömelse för andra. Vi säger därför att varje människa, under det att hon har skapats för det ena eller det andra av dessa båda slut, förutbestämts antingen till liv eller till död."[10]

"Observera, allt står till Guds förfogande, och beslutet till frälsning eller död tillhör honom. Därför förordnar han allting efter sitt eget råd och beslut, på ett sådant sätt att vissa människor, från moderlivet, är överlämnade åt säker död, för att hans namn må förhärligas genom deras fördärv."[11]

Den bland kalvinister mycket inflytelserike Westminster-bekännelsen, från 1646, innehåller bland annat följande punkter:

"3. Genom Guds dekret, för hans äras uppenbarelse, är en del människor och änglar förutbestämda till evigt liv, medan andra är förutbestämda till evig död.

5. De människor som förutbestämts till liv har Gud, före världens grund var lagd, enligt sitt eviga och oföränderliga syfte, och hans

---

10 Calvin´s Institutes, vol II, s. 145, citerad i boken Objections to Calvinism As It is, s. 67. Egen översättning till svenska.
11 Ibid. s. 169. Egen översättning till svenska.

viljas goda nöje och hemliga råd, utvalt i Kristus, till evig härlighet, endast av fri nåd och kärlek, utan att i förväg sett någon tro eller goda gärningar, eller uthållighet i någondera, eller något annat i skapelsen, som villkor eller orsaker som rörde honom till detta; och allt till hans ärofulla nåds pris.

7 Det behagade Gud att förbigå resten av mänskligheten, enligt sin egen viljas outgrundliga råd, genom vilken han ger eller håller tillbaka barmhärtigheten efter sitt behag, till ära för hans suveräna makt över sina skapelser, att viga dem åt vanära och vrede för deras synder, till pris för hans ärofulla rättvisa."[12]

I denna boks sjunde kapitel, kommer vi att se att de första generationerna kristna, efter apostlarnas dagar, inte alls trodde på kalvinismens läror. Det är uppenbart att de lärde villkorlig utkorelse till frälsning, att pånyttfödda kristna kan avfalla från tron och gå förlorade, att Jesus dog för alla människor utan undantag och att människans vilja är tillräckligt fri och oskadad efter syndafallet, till den grad att alla människor kan antingen stå emot evangeliet eller ta emot det i tro till frälsning. En del av de första generationerna kristna hade haft direktkontakt med en eller flera av apostlarna, eller med män som undervisats av en eller fler apostlar. De kunde med andra ord fråga till exempel Paulus vad han menade med undervisningen om predestination i sina brev, som många idag tolkar i kalvinistisk riktning. De talade dessutom nytestamentlig grekiska som modersmål, eller talade det flytande. De levde dessutom i ungefär samma kultur som apostlarna. Kyrkan avföll inte från den sanna tron i princip omedelbart, som många protestantiska kristna verkar vilja tro, utan den var rotad i de apostoliska sanningarna, vilket bland annat Johannes vittnesbörd vittnar om:

Jag har skrivit till er, barn: ni har lärt känna Fadern. Jag har skrivit till er, fäder: ni har lärt känna honom som är från begynnelsen. Jag har skrivit till er unga: ni är starka, och Guds ord förblir i er och ni har besegrat den onde.[13]

De unga män som Johannes nämner, var i sin tur med och förde vidare de apostoliska lärorna till nästa generation, i enlighet med Paulus instruktion till Timoteus i 2 Tim. 2:2: ” Det du har hört av mig inför många vittnen ska du anförtro åt pålitliga personer som i sin tur ska kunna undervisa andra.” I denna vers ingår fyra generationer kristna ledare; Paulus, Timoteus, de pålitliga män Timoteus undervisade, samt de som dessa i sin tur förde den apostoliska läran vidare till. Är det rimligt att Timoteus och apostlarna själva misslyckades så fullständigt med uppdraget att föra vidare den rätta läran, att den inte överlevde mer än högst en generation efter apostlarna? Nej, vi har redan konstaterat att det fanns många sanna kristna i slutet av aposteln Johannes liv, då de andra apostlarna varit döda i årtionden. Om det vore sant att kyrkan avföll i princip omgående från den sanna tron, vore Jesu löfte om att dödsrikets portar inte skulle få makt över hans församling en lögn.[14]

Välbekanta ledare bland de tidiga kristna var till exempel Clemens av Rom,[15] som levde till omkring 99 e Kr., Ignatius av Antiokia, som levde till omkring 108 e.Kr., samt Polykarpus, som blev minst 86 år gammal. Han var född senast år 69 e.Kr. och levde till sin ryktbara martyrdöd omkring år 155 e. Kr.[16] Dessa män hade med

---

13 1 Joh. 2:14. Med stor sannolikhet skrev Johannes sitt första brev på 90-talet e Kr.

14 Matt. 16:

15 Det är möjligt att han är samma person som Paulus omnämner som en god medarbetare för evangeliet, vars namn står skrivet i Livets bok, i Fil. 4:3.

16 Polykarpus födelseår dateras ofta till år 69 e.Kr. Detta är baserat på att han led martyrdöden omkring år 155 e.Kr. I samband med sin martyrdöd vittnade

16

stor sannolikhet undervisats av apostlar och var mycket väl ansedda ledare bland de tidiga kristna. Även Ignatius av Antiokia led martyrdöden för Kristus. Clemens brev till Korintierna hade så högt anseende i den tidiga kyrkan att det var nära att den kom med bland Nya Testamentes kanoniska böcker. Det är därför ytterst osannolikt att dessa män skulle ha missförstått grundläggande kristna läror, såsom synen på försoningens omfattning, fri vilja och predestination, eller om pånyttfödda kristna kan förlora sin frälsning eller inte. I denna boks sjunde kapitel kan du läsa många citat från tidiga kristna som visar att de inte alls hade kalvinistisk lära.

Om de tidiga kristna inte var kalvinister, hur kommer det sig då att så många bibeltroende kristna idag tror att Bibeln lär kalvinismens läror? Svaret är att många läror, som inte fanns i kyrkan från början, har uppstått och införts i olika kristna samfund och rörelser många hundra år efter apostlarnas dagar. Då det har gått tillräckligt lång tid sedan apostlarna levde och verkade, och det inte längre finns några människor kvar i livet som kan vittna om vad apostlarna verkligen lärde, och hur man bör förstå deras undervisning i Nya Testamentets böcker, är risken betydligt större att folk börjar missförstå saker och ting. Ju längre tid det har gått efter apostlarnas tid, desto större är risken att felaktiga läror uppstår efter hand. Alla är vi påverkade av vad vi har lärt oss under vår uppväxt, av vad andra har lärt oss och av saker vi har läst under åren. Ingen kan göra anspråk på att vara fullständigt neutral då man läser och förstår

---

nämligen Polykarpos om att han hade tjänat Herren i 86 år (Pol. Mart. 9:3). Vissa förespråkare av barndop använder detta som argument, eftersom de förutsätter att Polykarpos menar att han tjänat Herren hela sitt liv, ända sedan sitt dop som spädbarn. Det är emellertid inte alls säkert att Polykarpos talar om sin ålder då han nämner att han tjänat Herren 86 år. Det kan ju också vara så att han till exempel var 100 år gammal, och tjänat Herren sedan han döptes som 14-åring. Även på den tiden kunde folk bli så gamla.

Bibeln, utan vår tolkning kommer att färgas av vad vi har för "glasögon" på oss då vi läser. För att ta ett exempel: En pingstvän, som tror att tungotal kan vara både människors och änglars språk,[17] läser och förstår texterna om tungotal 1 Korintierbrevet 14 annorlunda än kristna som inte tror att tungotal är något annat än mänskliga språk, som Gud endast ger åt några enstaka personer i samband med att evangeliet behöver nå nya folkgrupper.

När det gäller synen på predestination och fri vilja var kyrkans ledare och författarna av tidiga kristna skrifter enade under så lång tid som nästan 400 år. Alla lärde att människans vilja är tillräckligt fri för att hon ska kunna stå emot eller ta emot evangeliet i tro, sedan Guds Ande verkat i människan genom förkunnelsen av Guds ord. Alla människor har möjligheten att bli frälsta genom Jesu försoningsverk, men endast de som tar emot evangeliet i tro och lever i trons lydnad ända till slutet av sitt liv, blir frälsta till slut. De tidiga kristna lärde enhälligt att frälsningen är synergistisk, det vill säga att Gud och människan samverkar med varandra i frälsningsprocessen. Detta innebär inte att människan gör sig förtjänt av frälsningen genom egna ansträngningar. Frälsningen är helt och fullt en gåva av Guds nåd, men Gud väljer att ge denna gåva åt dem som uppfyller villkoren för att få del av gåvan. Det är alltså de som ödmjukar sig, omvänder sig från all synd, sätter sin tilltro och hopp om frälsning helt och fullt till Jesus och hans försoningsverk på korset, samt låter döpa sig, som får del av frälsningens gåva. För att förbli i ett frälst tillstånd behöver vi också fortsätta leva i en personlig relation med Jesus Kristus och låta oss ledas av den helige Ande, som ger oss kraft att säga nej till synden och bli mer och mer lika Jesus.

Det var inte förrän Augustinus strid med Pelagius,[18] i början av 400 talet e. Kr., som någon kristen ledare argumenterade för läror som liknar kalvinismens. I sin ambition att vederlägga pelagianernas överdrivna upphöjelse av den mänskliga naturens förmåga att leva i enlighet med Guds bud, oberoende av Andens nåd och kraft, gick Augustinus för långt i andra riktningen och hävdade att det enbart är Gud som verkar då människor förs till omvändelse. Människans vilja är helt passiv i samband med omvändelsen. Han lärde att människans vilja, efter Adams syndafall, är så bunden att ingen människa är i stånd att samarbeta med Gud eller gensvara på hans kallelse till omvändelse och tro. I likhet med kalvinismen, lärde Augustinus att människans vilja är fri till att göra det onda, men inte till att ta emot Kristus i tro till frälsning.[19] Människan kan alltså synda av fri vilja, men omöjligen tro evangeliet. I förlängningen ledde denna tanke till att Augustinus även började lära att det är Gud som helt suveränt har förutbestämt vilka människor som ska bli omvända och frälsta, medan alla andra utelämnas åt den eviga förtappelsen. Det är mycket osannolikt att Augustinus tolkade Nya Testamentets undervisning om predestination om fri vilja rätt, med tanke på att inga kristna före honom argumenterade för hans slutsatser. Dessutom skrev Augustinus på latin och hans kunskaper i nytestamentlig grekiska var dåliga. Augustinus skrev dock många skrifter och fick mycket stort inflytande inom den västliga kyrkan. Han förespråkade också hård förföljelse av kristna utanför den officiella katolska kyrkan,[20] vilket gör honom till en falsk profet. Jesus lärde ju att vi ska känna igen de falska profeterna på den

---

18 Augustinus var biskop i staden Hippo i Nordafrika mellan 396 och 430 e.Kr. Pelagius var botpredikant och lekmannamunk, stammande från de brittiska öarna. Han hade goda kunskaper i såväl latin som grekiska.

19 T. Johansson, Reformationens huvudfrågor och arvet från Augustinus – En studie i Martin Chemnitz Augustinusreception, Församlingsförlaget, 1999, s. 155.

20 Framförallt av donatisterna i Nordafrika.

dåliga frukt de bär.[21] Varifrån fick då Augustinus sina idéer om att den fallna människans vilja är bunden och att alla saknar förmåga att gensvara på Guds kallelse till tro och omvändelse, om de inte är i enlighet med Bibelns och de tidiga kristnas undervisning? Jo, i hög grad kom dessa idéer från en av de farligaste villolärarna i kyrkans historia – gnostikerna.

Under nio års tid hade Augustinus som ung tillhört den gnostiska sekten manikéerna. Gnostikerna lärde bland annat att all materia är ond, inklusive våra kroppar. Manikéerna och vissa andra gnostiska sekter lärde också en form av godtycklig utkorelse av alla människor till antingen frälsning eller förtappelse.[22] Antalet utvalda människor är beräknat efter antalet änglar som avföll från Gud.[23] Det fanns bara en skillnad mellan Augustinus lära om den fria viljan och manikéernas förståelse av densamma. Skillnaden var att Augustinus lärde, å ena sidan, att människans vilja från början hade varit helt fri, men att den efter syndafallet hade blivit bunden. Manikéerna, å andra sidan, lärde att människans vilja hade varit ofri även före syndafallet.[24]

Under sina första år efter att Augustinus hade lämnat manikéerna och blivit en renlärig kristen, lärde han, i likhet med alla andra renläriga kristna fram till den tidpunkten, att människans vilja är fri att antingen stå emot sanningen, eller att i tro ta emot evangeliets budskap. Han lärde inte att Gud slumpvis utvalt vilka som ska bli frälsta, utan att Guds utväljande av vissa människor beror på att han i förväg sett att de, av fri vilja, kommer att tro på evangeliet. Det var emellertid i samband med lärostriden med pelagianerna, som Augustinus började förespråka kalvinistiska tankegångar.

21 Matt. 7:15-20.
22 G. Goletiani, DER GNOSTISCHE EINFLUSS IN DER REFORMATION, Books on Demand, 2021, s. 193.
23 Ibid. s. 193.
24 Ibid. s. 195.

Pelagianerna hade en överdriven tilltro till alla människors förmåga att leva syndfritt, oberoende av Guds nåd.[25] Då Augustinus med rätta gick emot den villoläran, gick han dock för långt åt andra hållet och använde argument som faktiskt mer liknade manikeism än den renläriga kristna tron gällande predestination och fri vilja, som kyrkan alltsedan apostlarnas tid hade hållit fast vid.

Det är känt att flera av reformatorerna på 1500-talet, däribland Luther och Calvin, var starkt påverkade av Augustinus teologi. Detta är en viktig anledning till att många av de tidiga protestanterna menade att Gud har förutbestämt vilka människor som ska bli frälsta, och att människan efter syndafallet omöjligen kan gensvara på Guds kallelse till omvändelse. Människans vilja är alltså inte fri nog att samarbeta med Gud. Både tron och omvändelsen är istället helt och hållet gåvor från Gud, som han ger åt dem han utvalt till frälsning. Även på 1500-talet fanns det dock kristna som läste Bibeln utan att vara påverkade av Augustinus tankar, vilka kom fram till helt andra slutsatser. Deras lära om frälsningen var väldigt lik de tidiga kristnas syn. Dessa kallades ofta föraktfullt för "anabaptister" (vederdöpare) av de andra reformatorerna, eftersom de förkastade sitt bebisdop och döpte (om) sig som vuxna. De stod upp för sanningen att enbart människor som har en medveten tro, omvänt sig av hela sitt hjärta från sina synder och bestämt sig för att börja leva i efterföljelse av Jesu undervisning i sina liv, ska bli döpta. Förföljelsen av anabaptisterna var mycket hård, både från katoliker, lutheraner och kalvinister, så hård att tusentals av dem led martyrdöden på grund av sina övertygelser! Det faktum att tidiga protestanter, med kalvinistisk teologi, bedrev förföljelse av kristna som inte förespråkade samma läror, utgör i sig ett bevis för att kalvinismen är falsk. Detta då inga sanna efterföljare av Jesus ägnar sig åt hatisk

---

förföljelse av andra kristna.[26] Även i detta avseende följde de i sin läromästare Augustinus fotspår.

Kalvinismens fem punkter

Man skulle kunna definiera kalvinismens läror på olika sätt. Alla med kalvinistisk teologi är inte enade angående alla lärofrågor. Det finns till exempel kalvinister som menar att bebisar som fötts av kristna föräldrar ska döpas, medan reformerta baptister enbart döper personer som har en medveten och personlig tro på Jesus. Kalvinister har alltså inte en enda trosbekännelse och för att förstå vilka läror som utgör kärnan i deras teologi, behöver vi använda material som förenar dem. Det finns fem punkter som sammanfattar kärnan i kalvinistisk lära om människan och hur hon blir frälst, vilket utgör ämnet för denna boks intresse. Punkterna sammanställdes av reformerta kristna under ett kyrkomöte i den nederländska staden Dordrecht år 1618–1619.

Vid det laget hade de kalvinistiska lärorna redan predikats i närmare hundra år i Europa.[27] Anledningen till att man hade samlats var att man inom de reformerta kyrkorna behövde komma fram till hur man skulle bemöta en grupp teologer inom den egna rörelsen, som börjat hålla sig till avvikande läror gällande synen på predestination och fri vilja. Denna grupp kom att kallas arminianer, efter deras förste ledare Jacobus Arminius. Dessa menade att Gud vill ge frälsning genom Jesus till alla människor, men att det endast är de som kommer till tro som får del av frälsningen. De lärde också att alla människor visserligen är helt fördärvade av synd genom syndafallet, men genom Guds verk i samband med förkunnelsen av evangeliet, väcker Gud människor och ger dem nåd att kunna gensvara i tro på budskapet.[28] Denna nåd ges inte endast åt de

---

26 Joh. 13:34f; 14:21ff; 16:2; 1 Joh. 3:7–18; 4:19ff.
27 Sedan Zwinglis reformation i Schweiz på 1520-talet.
28 Eng. "prevenient grace."

22

utvalda. De som inte blir frälsta har därför inte förutbestämts till evig förtappelse, utan de går förlorade till följd av att de står emot Guds frälsande nåd, genom vilken de kunde ha omvänt sig och trott evangeliet. De läror som de reformerta sammanställde vid synoden i Dordrecht, har föranlett utvecklingen av följande fem punkter, som brukar sammanfatta kalvinismens läror om hur syndiga människor bli frälsta:[29]

1. **Totalt syndafördärv** – Efter syndafallet är alla människor så fördärvade av arvsynden att ingen av oss har förmåga att tro på Gud, vända om från våra synder och av hjärtat följa hans bud. Vi är helt fientligt sinnade gentemot Gud och drivs helt av våra syndiga begär i våra vardagliga liv. Detta innebär att ingen av oss kan tro på Jesus och evangeliet om honom, såvida inte Gud först gör oss levande andligen. Pånyttfödelsen måste alltså komma innan man överhuvudtaget kan få en äkta tro på evangeliets budskap.

2. **Ovillkorlig utkorelse** – Endast de människor som Gud har utvalt till frälsning kan komma till sann tro och omvändelse. Guds utkorelse av vissa beror inte alls på någon egenskap eller inställning han i förväg ser hos dem, till exempel ödmjukhet, tro, gudsfruktan, vilja att tjäna Gud och så vidare. Hans val av vissa och inte andra beror endast på att han av fri vilja valde att ge sin frälsning åt vissa, men låta resten av alla människor dö i sina synder och gå evigt förlorade.

3. **Begränsad försoning**[30] – Jesu offer av sin kropp och sitt blod på Golgata kors utgör det fulla och perfekta offret för

---

29 Den vanliga engelska förkortningen av punkterna bildar ordet TULIP (tulpan). T står för total depravity/total inability, U unconditional election, L limited atonement, I irresistible grace och P perseverance of the saints.
30 En del kalvinister håller inte fast vid den tredje punkten, utan räknar sig som 4-punkts kalvinister.

att säkerställa de utvaldas eviga frälsning från alla synder. Hans offer må ha varit tillräckligt för att frälsa alla människor utan undantag, men endast de utvalda blir därigenom frikända från sina synder, eftersom Jesus har tagit straffet för alla synder i deras ställe. Jesus har således inte tagit straffet för de icke-utvaldas synder och därför kommer dessa att själva få ta straffet för alla sina synder i helvetet.

4. **Oemotståndlig nåd** – De som Gud har utvalt till frälsning kommer helt säkert att komma till tro på Herren Jesus och omvända sig till honom. De kan inte stå emot Guds verk i dem till den grad att de aldrig får en frälsande tro på evangeliets budskap. Detta beror på att Gud i sin suveränitet övervinner deras motstånd mot honom och ser till att de kommer till tro, genom att han väcker dem till liv andligen, förändrar deras gudsfientliga sinnelag, föder dem på nytt och ger dem trons gåva.

5. **De heligas ståndaktighet** (i tron) – De människor som, genom Guds pånyttfödande verk, blivit sant frälsta, kommer helt säkert att också förbli i en sann tro på Jesus. De kommer alltså helt säkert aldrig förlora tron, anamma en villolära och/eller börja leva i synd till den grad att de återigen blir skilda från Kristus och går förlorade.

Givetvis använder kalvinister sig av bibelverser för att stödja samtliga fem punkter.[31] Frågan är emellertid inte om det går att hitta verser i Bibeln som stödjer en lära och/eller ett teologiskt system. Man kan finna stöd för många läror som faktiskt är falska genom att använda sig av olika bibelverser. Ett exempel är Jehovas vittnen,

---

som använder bibelord för att förneka att Jesus är sann Gud.[32] Universalister använder likaså Bibeln för att stödja sin lära att alla människor, utan undantag, till slut kommer att få leva för evigt i Himmelriket.[33] Samtidigt finns det förstås många andra verser, och hela texter i Bibeln, som talar emot sådana villoläror. Om en viss rörelse eller ett visst samfund använder en del verser för att ge stöd åt sina läror, men har problem att förklara varför många andra verser verkar tala emot dem, beror detta troligtvis på att Bibeln i sin helhet inte stödjer lärorna. Det är oerhört viktigt att vi alltid tänker på följande sanning ur Psaltaren:

> *Summan av ditt ord är sanning, dina rättfärdiga*
> *domslut är eviga.[34]*

Vi ska alltså alltid sträva efter att basera vår lära på vad Bibeln i sin helhet lär om olika saker. Vad säger, exempelvis, alla bibelställen som berör dopet och vilka slutsatser kan man dra av dem? En annan mycket viktig sanning vi behöver tänka på är att vi alla, som vi redan konstaterat, är påverkade av undervisning vi tidigare har hört eller läst. Därför är det lätt att i förväg tänka att olika bibelverser eller texter ger stöd åt den lära man anammat, fast så egentligen inte är fallet. För att komma fram till en rätt förståelse av olika ämnen som Bibeln tar upp, är det alltså nödvändigt att gå till botten med vad hela Bibeln har att säga om dessa ämnen. Det är också mycket viktigt att sträva efter att vare sig läsa in saker i texterna som egentligen inte står där, eller dra förhastade slutsatser av enskilda ord och meningar. Samma tillvägagångssätt behöver vi använda för att gå till botten med om Bibeln i sen helhet ger stöd åt kalvinismens fem punkter.

---

32 De använder till exempel 1 Kor. 15:28 och Kol. 1:15.

33 Bland annat Rom. 5:18 och 1 Kor. 15:22 kan användas för att stödja den läran.

34 Ps. 119:160, SFB 98.

Kapitel 2 - Motbevisning av kalvinismens fem punkter

Summan av vad Bibeln lär stödjer inte en enda av de fem punkterna i kalvinismens teologiska system. I denna bok finns som sagt inte utrymme att behandla alla bibelställen som uppenbarar att dessa punkter inte håller, då dessa är mycket talrika. I detta kapitel går vi bara igenom ett antal tydliga ställen som talar emot kalvinismens fem punkter, men resten av boken behandlar fler relevanta ställen.

Gamla Testamentet

Och Herren såg att människornas ondska var stor på jorden och att deras hjärtans alla tankar och avsikter ständigt var alltigenom onda. Då sörjde Herren att han hade gjort människorna på jorden, och han var bedrövad i sitt hjärta. Herren sade: "Människorna som jag har skapat ska jag utplåna från jordens yta – både människor och fyrfotadjur, kräldjur och himlens fåglar. Jag sörjer att jag har gjort dem." Men Noa hade funnit nåd inför Herrens ögon. Detta är Noas fortsatta historia. Noa var en rättfärdig man och fullkomlig bland sina samtida. Han vandrade med Gud.[35]

Denna text beskriver hur oerhört uppfylld av ondska som jorden hade blivit på Noas tid, till följd av människornas synder. Till slut hade de gått så långt i ondska att Gud bestämde sig för att förgöra människosläktet genom den stora (synda-)floden. Texten antyder att Gud var mycket besviken och upprörd över hur mycket synd människorna bedrev på jorden, till den grad att han sörjde att han överhuvudtaget skapade dem.[36] Om läran om totalt syndafördärv vore sann borde emellertid inte Gud ha uttryckt någon besvikelse över att ingen människa följde hans vilja, eftersom de inte kunde

---

35 1 Mos. 6:5–9.

36 Detta talar förstås emot många kalvinisters lära att Gud förutbestämt precis allt som ska äga rum i historien, inklusive människors synder.

göra något annat än handla efter sina syndfulla begär. Även bland de syndfulla människorna som levde precis före floden fanns det emellertid ett lysande undantag, nämligen Noa.

Texten säger ingenting om att Noa var rättfärdig eftersom Gud ovillkorligen förutbestämt att han skulle vara det. Guds ord uppenbarar istället att Noa var rättfärdig eftersom han fruktade Gud och, i tro, levde ett rättfärdigt liv.[37] Noa var alltså inte själv en av sin tids ogudaktiga människor, utan han trodde på och följde Gud i sitt liv. Om kalvinismen vore sann borde Skriften istället ha sagt att Gud valde en man, nämligen Noa, bland alla ogudaktiga människor, gav honom tro och drev honom till att följa sin vilja.

Noa byggde ett altare åt Herren och tog av alla rena fyrfotadjur och av alla rena fåglar och offrade brännoffer på altaret. När Herren kände den ljuvliga doften, sade han till sig själv: "Härefter ska jag inte mer förbanna marken för människans skull, för hennes hjärtas tankar är onda ända från ungdomen. Jag ska aldrig mer döda allt levande så som jag nu har gjort.[38]

Om denna text, som behandlar Noas offer efter han och hans familj genom arken räddats från syndafloden, hade kunnat användas som stöd för kalvinismens lära om totalt syndafördärv, hade det stått att människans tankar är onda ända från födseln. Här är det dock Gud själv som talar och låter oss förstå när människors tankar blir onda inför honom. Det är "från ungdomen." Ordet som översatts med "från ungdomen" är samma ord som används om Goliat i 1 Sam. 17:33, där det står att "han har varit krigare ända från ungdomen."[39] Goliat hade naturligtvis inte varit krigare från sin spädbarnstid, utan förmodligen från sin tonårstid. Även om även små barn visserligen kan handla själviskt och sålunda synda, tillräknar Gud dem inte

---

37 1 Mos. 7:1; Hes. 14:14; Hebr. 11:7.
38 1 Mos. 8:20f.
39 Hebr. מִנְּעֻרָיו

dessa synder eftersom de inte har någon kunskap om skillnaden mellan gott och ont.[40]

De bröt upp från berget Hor och tog vägen mot Röda havet för att gå omkring Edoms land. Men under vägen blev folket otåligt. Och folket talade mot Gud och mot Mose och sade: "Varför har ni fört oss upp ur Egypten så att vi måste dö i öknen? Här finns ju varken bröd eller vatten, och vår själ avskyr den eländiga mat vi får!" Då sände Herren giftiga ormar bland folket, och de bet folket och många i Israel dog. Då kom folket till Mose och sade: "Vi har syndat genom att vi talade mot Herren och mot dig. Be till Herren att han tar bort dessa ormar från oss." Och Mose bad för folket. Herren sade till Mose: "Gör dig en orm och sätt upp den på en påle. Den som har blivit ormbiten och ser på den ska leva." Mose gjorde då en kopparorm och satte upp den på en påle. Om någon blev biten av en orm, fäste han blicken på kopparormen och fick leva.[41]

Denna berättelse om kopparormen i öknen utgör en välkänd text från Gamla testamentet, eftersom Jesus använder den för att illustrera hur man blir rättfärdig genom tron på honom.[42] Till följd av att Israels folk klagade över den mat Gud i sin trofasthet försåg dem med under ökenvandringen, och för att de klagade över att Gud hade fört dem ut ur Egypten, sände han giftormar ibland dem som dödade många av dem. Detta kan ses som en symbol för den förbannelse som vi människor har ådragit oss, på grund av våra synder. Ormens, alltså djävulens makt över oss, till följd av att vi genom synden tillhör honom, är på väg att föra oss till den eviga döden. Vi kan inte rädda oss själva från syndens gift, men Gud har

---

40 5 Mos. 1:39; Jes. 7:15.
41 4 Mos. 21:4–9.
42 Joh. 3:14f.

i sin stora barmhärtighet sänt sin egen Son för att lida döden i vårt ställe.

På samma sätt som kopparormen upphöjdes i öknen, blev Jesus upphöjd på korset och blev en förbannelse istället för oss.[43] Notera Guds sätt att rädda de israeliter som blivit bitna av ormarna: Han lät var och en av dem få möjlighet att få leva. Var och en av dem fick chansen att endast fästa sin blick på kopparormen, för att bli fri från ormarnas gift. Enligt Jesu eget ord i Joh. 3:14-15 kan var och en som tror på den korsfäste Människosonen få evigt liv genom honom. Gud gör alltså ingen åtskillnad mellan människor. Vi har alla syndat,[44] men var och en av oss har möjligheten att bli frälst från synden, och ormens (djävulens) makt, genom tron på Jesus. Vi kan alltså sätta vår tilltro till Jesus Kristus för att få liv. Det är således inte Gud som först måste ge oss liv för att vi överhuvudtaget ska kunna tro, som kalvinister menar.

Se till att du inte glömmer Herren din Gud utan håller hans bud, föreskrifter och stadgar som jag i dag ger dig. När du äter och blir mätt och bygger vackra hus och bor i dem, när dina kor och får förökas och ditt silver och guld och allt annat du har förökas, låt då inte ditt hjärta bli högmodigt så att du glömmer Herren din Gud som förde dig ut ur Egyptens land, ur träldomshuset.[45]

Israels folk får här en skarp varning kort före det att de marscherar in i Kanaans land för att erövra det. Mose trodde uppenbarligen inte att folket var så fördärvat till följd av syndafallet att de inte kunde ta emot Guds ord och varningar. Istället vädjar han till folket och, under Guds Andes ledning, manar han dem att inte låta sina hjärtan bli högmodiga till följd av de goda saker Gud kommer ge dem. Om Mose trodde på kalvinismens lära om totalt syndafördärv borde han

---

43 Gal. 3:13.
44 Rom. 3:23.
45 5 Mos. 8:11-14.

(och givetvis Anden) vetat att folket redan var födda högmodiga och gudsfientliga till den grad att de aldrig skulle kunna gensvara på några varningar från Gud. Alla varningar i Guds ord antyder emellertid att människan har en fri vilja, med vilken hon kan gensvara på Guds varningar.

Så frukta nu Herren och tjäna honom helhjärtat och i sanning. Gör er av med de gudar som era fäder tjänade på andra sidan floden och i Egypten, och tjäna Herren. Men om ni inte vill tjäna Herren, så välj i dag vem ni vill tjäna, antingen de gudar som era fäder tjänade på andra sidan floden eller de gudar som dyrkas av amoreerna i vilkas land ni bor. Men jag och mitt hus, vi vill tjäna Herren." Då svarade folket: "Aldrig att vi skulle överge Herren och tjäna andra gudar![46]

Dessa förmanande ord talade Josua, under Guds ledning, till Israels folk i slutet av sitt liv. Han själv hade tjänat Gud troget i flera årtionden, medan hans egen generation gick under i öknen till följd av sin otro och olydnad mot Gud, i samband med att de skulle inta Kanaans land.[47] Josua och Kaleb, som hade varit bland de tolv män som sändes ut för att bespeja Kanaans land innan den tänkta invasionen påbörjades,[48] var de enda som förtröstade på Gud och var villiga att lyda hans befallning att gå in i landet. De såg inte på omständigheterna, det vill säga på hur starka deras fiender var, utan satte hela sitt hopp till Gud. De var övertygade om att Herren, som räddat dem från farao och slaveriet i Egypten, också skulle undanröja deras fiender i Kanaans land och göra det till hemland åt sitt folk Israel. Varför litade Josua och Kaleb på Gud, men inte resten av folket? Det kan definitivt inte ha berott på att Gud hade förutbestämt att bara Josua och Kaleb skulle kunna tro, medan

---

46 Jos. 24:14ff.
47 4 Mos. 14:1–11,22f.
48 4 Mos. 13.

30

folket inte kunde tro alls, eftersom de var så fördärvade av synden att de inte kunde förtrösta på Gud. Gud blev dessutom mycket besviken över folkets otro,[49] en reaktion som naturligtvis inte går att förklara om sanningen är att det var omöjligt för dem att tro, om inte Gud själv gav tron åt dem. Josua hade enda sedan det tillfället förtröstat på Gud och tjänat honom överlåtet. Gud utvalde därför honom till ledare för sitt folk efter Moses död.[50]

Efter denna utvikning återgår vi till Josuas maning till folket att välja vem dem skulle tjäna: Gud, eller de avgudar som de omkringliggande folken tjänade. Anledningen att han kunde mana dem att välja sida var att han själv hade gjort det. Josua hade alltså med hela sitt hus valt att tjäna Herren, och fortsatte att välja att göra det. Denna text uppenbarar att människor har fri vilja, med vilken man kan välja att tjäna Gud eller inte. Detta talar givetvis emot kalvinismens lära om totalt syndafördärv, vilket, som vi sett i föregående kapitel, innebär att man inte kan tro på Gud eller göra hans vilja om han inte först föder en på nytt.

När de kom dit och han fick se Eliab, tänkte han: "Det är säkert Herrens smorde som står här inför Herren." Men Herren sade till Samuel: "Se inte på hans yttre och hans resliga gestalt. Jag har förkastat honom, för det går inte efter vad en människa ser. En människa ser det som är för ögonen, men Herren ser till hjärtat." ... Ishai sände då bud och hämtade David. Han hade röda kinder och vackra ögon och såg bra ut. "Gå fram och smörj honom", sade Herren, "för han är det."[51]

Profeten Samuel fick av Gud uppdraget att smörja en av Ishais åtta söner till ny kung över Israel, efter att Gud hade förkastat Saul som kung till följd av dennes olydnad. Gud utvalde inte en av Ishais

49 4 Mos. 14:11.
50 4 Mos. 27:18ff.
51 1 Sam. 16:6–7,12.

söner till ny kung på måfå, utan Herren själv uppenbarar på detta ställe att han utvalde David på grund av det han såg i hans hjärta. David var en man efter Guds hjärta, [52] som trodde på och förtröstade på Herren i alla situationer, vilket hans många psalmer i Psaltaren visar. Det står dessutom att Herren sökte efter en man efter sitt hjärta, som kunde ersätta Saul som kung.[53] Hur kan Gud söka efter en man efter sitt hjärta, om den kalvinska läran om totalt syndafördärv är sann? Det finns ju i så fall ingen sådan människa att söka efter. Även David måste då ha varit lika usel som sina bröder och alla andra människor. Om kalvinismen vore sann, måste det ha varit Gud som gjorde David till en man efter sitt hjärta, sedan han ovillkorligen utvalt honom, på bekostnad av hans bröder. Detta är dock oerhört långsökt eftersom det inte finns någonting i texten som antyder att så var fallet. Den enkla och bokstavliga läsningen av texten visar att David hade ett annat sinnelag än de andra bröderna, vilket bidrog till att Gud valde honom till att bli Israels näste kung. Gud utvalde alltså David på grund av hans gudsfruktan. Det var alltså inte Guds utkorelse som gjorde att han blev gudfruktig.

När Ahab hörde det Elia sade, rev han sönder sina kläder och svepte säcktyg om sig och fastade. Han låg klädd i säcktyg och gick tyst omkring. Då kom Herrens ord till tishbiten Elia. Han sade: "Har du sett, hur Ahab ödmjukar sig inför mig? Därför att han ödmjukar sig inför mig, ska jag inte låta olyckan komma i hans tid. Först i hans sons tid ska jag låta olyckan drabba hans hus."[54]

Profeten Elia har precis framfört ett domsbudskap från Gud till den mycket onde kungen Ahab, som regerade över Israel (nordriket) på 800 talet f.Kr. I kontexten har Ahab haft begär till en vingård som

---

52 Apg. 13:22.
53 1 Sam. 13:14.
54 1 Kung. 21:27ff.

32

hans granne Nabot ägde. Nabot hade dock vägrat att sälja vingården till honom. Efter att kungen blivit väldigt arg och missmodig över detta, såg hans onda och hedniska hustru Isebel till att Nabot blev stenad till döds, sedan falska vittnen påstått att han hade förbannat Gud och kungen. Efter det övertog Ahab vingården. Elia lät Ahab förstå att han hade låtit oskyldigt blod spillas, för vingårdens skull, och att han därför skulle dö på samma plats som Nabot hade dödats. Dessutom skulle alla av Ahabs hus bli dödade och en annan dynasti överta makten över landet. I denna text ser vi dock att Ahab faktiskt ödmjukade sig djupt inför Gud, under fasta. Detta var uppenbarligen inget hycklande agerande, utan Gud erkände hans uppriktiga ödmjukhet och fattade därför beslutet att låta domen över hela Ahabs hus komma först efter hans död, under hans sons tid. Ahabs omvändelse blev dock inte bestående och därför Gud lät honom dödas i strid,[55] vilket visar att han inte kan ha blivit frälst till slut.

Men, enligt kalvinistisk teologi kan inte någon som Gud inte har utvalt visa prov på äkta ödmjukhet inför Gud. Det är Gud som måste göra hela verket för att föra de utvalda från hårdhet och stolthet, till ett ödmjukt och ångerfullt sinnelag. Hur kommer det sig då att Ahab faktiskt kunde ödmjuka sig inför Gud, trots att han inte kan ha tillhört de utvalda?

Och Herren uppenbarade sig för Salomo om natten och sade till honom: "Jag har hört din bön och utvalt denna plats åt mig till offerplats. Om jag tillsluter himlen så att regn inte faller, om jag bjuder gräshoppor att fördärva landet eller om jag sänder pest bland mitt folk, men mitt folk, som är uppkallat efter mitt namn, ödmjukar sig och ber och söker mitt ansikte och omvänder sig från

---

sina onda vägar, då vill jag höra det från himlen och förlåta deras synd och skaffa läkedom åt deras land.[56]

Dessa ord talar alltså Gud själv till kung Salomo, efter att templet blivit färdigbyggt och Salomo bett en stark bön till Herren inför Israels folk, i samband med dess invigning.[57] Gud ger oss här sin egen förståelse av människans förmåga att ödmjuka sig, söka och vända om till honom. Om Gud straffar sitt folk på grund av deras synder, genom att till exempel låta en hungersnöd uppstå till följd av långvarig torka, vill han därigenom föra dem till omvändelse. Gud uttrycker själv att människorna behöver ödmjuka sig, söka honom i bön och omvända sig från sina synder, för att han ska förlåta dem och låta deras plåga upphöra. Det är alltså inte Gud som fattar beslutet att omvända sig åt människorna, utan de behöver själva göra det.

Profeten Shemaja hade kommit till Rehabeam och till Juda furstar, som av fruktan för Shishak hade samlats i Jerusalem. Och han sade till dem: "Så säger Herren: Ni har övergett mig, och därför har också jag övergett er och gett er i Shishaks hand." Både Israels furstar och kungen ödmjukade sig då och sade: "Herren är rättfärdig." När Herren såg att de ödmjukade sig, kom Herrens ord till Shemaja. Han sade: "Eftersom de har ödmjukat sig vill jag inte fördärva dem. Jag ska låta dem komma undan med knapp nöd, och min vrede ska inte bli utgjuten över Jerusalem genom Shishaks hand. Men de ska bli hans tjänare, och de ska förstå vad det är att tjäna mig och att tjäna främmande kungadömen." ... Eftersom Rehabeam ödmjukade sig, vände sig Herrens vrede ifrån honom så att han inte fördärvade honom helt. Det fanns ännu sådant som var gott i Juda.[58]

---

56 2 Krön. 7:12ff.
57 Salomos bön återges i 2 Krön. 6:14-42.
58 2 Krön. 12:5–8,12.

Här ser vi ett exempel på hur Gud straffar sitt olydiga folk under Gamla Testamentets tid – genom att de överlämnas åt en militärt starkare fiende. Den här gången var det den egyptiske kungen Shishak som, på Salomos son Rehabeams tid, invaderade Juda rike. Kungen och folket hade övergivit Herrens undervisning, varför Gud lät en mycket stor armé från Egypten invadera landet för att straffa dem och låta många bli dödade. Men, efter att profeten Shemaja talat Guds ord till kungen och folket, ödmjukade de sig uppriktigt inför Gud. Därför skonade Gud deras liv. Notera att det uttryckligen står att det var "eftersom Rehabeam ödmjukade sig," som Herren vände sin vrede ifrån honom. Det var alltså Rehabeam som själv som ödmjukade sig. Gud gjorde det inte åt honom. Dessutom står det i den sista meningen i denna text att det ännu fanns sådant som var gott i Juda. Allt de gjorde var inte syndigt, utan de hade förmåga att omvända sig och, självmant, göra saker som behagade Gud.

Men när han nu var i nöd, bönföll han inför Herren sin Gud och ödmjukade sig djupt för sina fäders Gud. Och när han bad så till honom, bönhörde Herren honom och lyssnade till hans bön och lät honom komma tillbaka till Jerusalem som kung. Då insåg Manasse att det är Herren som är Gud.[59]

Manasse var under lång tid en av de allra mest ogudaktiga kungarna under Juda rikes historia, trots att han var son till den rättfärdige kungen Hiskia. Bland annat återinförde Manasse avgudadyrkan i stor skala i landet, bedrev trolldom, spillde mycket oskyldigt blod och lät sin son gå genom eld, som offer åt guden Molok.[60] Herren försökte förmå kungen och folket att vända om, men de lyssnade inte på hans ord. Då lät Herren assyrierna besegra Manasse och föra bort honom som fånge till Babel. Det var i det sammanhanget

59 2 Krön. 33:12f.
60 2 Kung. 21:6–9,16; 23:10.

Manasse ödmjukade sig djupt inför Gud och bad till honom.[61] Gud såg att Manasses ånger och bön verkligen var uppriktig och lät honom därför komma tillbaka till Jerusalem och på nytt regera som kung. Manasses omvändelse verkar dessutom ha blivit bestående, vilket bevisades av att han gjorde upp med sin tidigare avgudadyrkan.[62] Ännu en gång behöver vi dock ställa oss frågan hur Manasse kunde både ödmjuka sig och omvända sig? Enligt kalvinistisk teologi kunde han dock inte ha gjort det, om inte Gud först födde honom på nytt. Det finns dock ingenting i detta skriftställe som tyder på att Gud gjorde det. Manasse själv kunde ödmjuka sig och vända om, utan den nya födelsens under.

Men till Juda kung, som har sänt er för att fråga Herren, till honom ska ni säga: Så säger Herren, Israels Gud, om de ord du har hört: Eftersom ditt hjärta veknade och du ödmjukade dig inför Gud när du hörde hans ord mot denna plats och mot dem som bor här, ja, eftersom du ödmjukade dig inför mig och rev sönder dina kläder och grät inför mig har jag också hört dig, säger Herren. Jag ska samla dig till dina fäder, och du ska samlas till dem i din grav med frid. Dina ögon ska slippa se all den olycka som jag ska låta drabba denna plats och dem som bor här." Och de vände tillbaka till kungen med det svaret.

Dessa ord talar Gud till kung Josia, genom profetissan Hulda. Josia var en mycket god och gudfruktig man och, enligt Guds ord, var han den kung under hela Israels historia som, av hela sitt hjärta, var allra mest trogen Mose lag.[63] Josia hade fått höra om de fruktansvärda straffdomar som, enligt lagen, skulle komma över folket om de levde i synd och avgudadyrkan.[64] Han hade då rivit

---

61 Manasses bön finns att läsa i "Tillägg till Gamla Testamentet," i en del utgåvor av Bibel 2000. Det är helt klart en läsvärd bön.
62 2 Krön. 33:15f.
63 2 Kung. 23:25.
64 Dessa finns i 5 Mos. 28:15–68.

sönder sina kläder och vänt sig till Gud för att söka råd, genom profetissan Hulda. Gud erkände Josias uppriktiga ödmjukhet och hans hjärtas rätta sinnelag och därför uppsköt han verkställandet av domen över Juda och Jerusalem till efter kungens död. Notera att det är Gud själv som säger att ska vänta med sin dom, "eftersom du ödmjukade dig inför mig…" Det var förstås inte Gud som ödmjukade Josia, utan han själv som ödmjukade sig inför Gud. Gud gensvarar på människors respons då de hör hans ord, eftersom människor har förmågan att stå emot eller ta emot Guds ord i tro.

I landet Us levde en man som hette Job. Han var en from och rättsinnig man som fruktade Gud och undvek det onda. … En dag hände det att Guds söner kom och trädde fram inför Herren, och Åklagaren kom också med bland dem. Då frågade Herren Åklagaren: "Varifrån kommer du?" Åklagaren svarade Herren: "Från en färd över jorden där jag vandrat omkring." Då sade Herren till Åklagaren: "Lade du märke till min tjänare Job? På jorden finns ingen som är så from och rättsinnig, ingen som så fruktar Gud och undviker det onda."[65]

I denna intressanta text har vi en dialog mellan Gud och Satan (Åklagaren).[66] Man får intrycket att Gud är mycket stolt över sin trogne tjänare Job, som verkligen fruktar honom och undviker allt ont. Men, var det i själva verket Gud som gjorde Job from och rättsinnig, så att han undvek det onda? En konsekvent kalvinist måste hävda att så var fallet, eftersom även Job måste ha fötts som en totalfördärvad syndare, utan förmåga att frukta Gud, i enlighet med deras första punkt. Gud måste ha fött Job på nytt och gjort honom gudfruktig. Det finns emellertid ingenting i Jobs bok som talar för detta, utan Gud själv berömmer Job inför Satan själv. Det

---

65 Job 1:1,6ff.
66 Ordet satan har ofta betydelsen "motståndare," till exempel i 1 Kung. 5:4 och 1 Kung. 11:14,23.

finns ingen poäng med att göra det om det inte var Job själv som av fri vilja valde att frukta och tjäna Gud, istället för att följa Satan genom att leva i synd.

Detta innebär inte att Job var helt utan synd,[67] men hans liv kännetecknades av att han lydde Gud och gjorde det som var gott. Gud räknade inte Jobs gudsfruktan som något ont, trots att han inte var syndfri, utan älskade honom eftersom Job valde att älska och tjäna Gud.[68] I sin nåd räknade Gud Job som rättfärdig, eftersom Job levde som en trogen tjänare åt sig, i likhet med andra gudsmän i Gamla Testamentet.[69] Självklart behövde dock även Job i efterhand renas från sina synder genom Jesu blod, men exemplet Job visar att Gud väljer att ge sin nåd åt dem som väljer att leva i tro och lydnad av hans vilja.

Frälsningen är fjärran från de gudlösa, för de frågar inte efter dina stadgar. ... Låt din hand bli min hjälp, för jag har valt dina befallningar.[70]

Psalmisten anger, under Andens inspiration, anledningen till att frälsningen är fjärran från de gudlösa. Det beror inte på att Gud har valt att undanhålla dem frälsningen, långt innan de överhuvudtaget fanns till, utan på att de själva väljer att inte fråga efter Herrens stadgar. De har inget intresse för Guds ord och det eviga livets gåva, utan lever enbart för detta livet och för att få sina själviska begär tillgodosedda. Psalmisten, däremot, och andra som fruktar Herren, kännetecknas av att de har valt att hålla fast vid Guds ord och att följa det i sina liv. Varje människa måste göra ett val under sitt liv mellan att fortsätta leva i synd, eller följa Guds goda undervisning i Bibeln. Om vi gör rätt val, bistår Gud oss med all den nåd vi

---

67 1 Kung. 8:46; Ps. 143:2; Rom. 3:23 m.fl.
68 Jämför Ps. 18:21-27.
69 Hes. 14:14.
70 Ps. 119:155,173.

behöver, för att kunna leva liv som kännetecknas av rättfärdighet, så att vi till slut får evigt liv.

Herren är god mot alla och förbarmar sig över alla sina verk. ... Herren är nära alla som ropar till honom, alla som ropar till honom i sanning. Han gör vad de gudfruktiga begär, han hör deras rop och frälser dem. Herren bevarar alla som älskar honom, men alla gudlösa ska han förgöra.[71]

David skriver att Herren är god mot alla och förbarmar sig över alla. På vilket sätt är Herren god mot alla? Jo, genom att han har låtit sin egen Son bära världens synd, i hans egen kropp, upp på korsets trä. Därigenom har han öppnat dörren för alla människor att bli renade från sina synder genom Jesu blod. Paulus skriver uttryckligen i Kolosserbrevet 1:20 att Gud försonat allt med sig genom sin Sons blod. Jesus är alla människors Frälsare och Guds vilja är "att alla människor ska bli frälsta och komma till insikt om sanningen."[72] Kalvinister som förnekar detta, förnekar en av evangeliets grundläggande sanningar och vanärar därmed Gud, som är alltigenom god.

Denna text i Psaltaren uppenbarar också varför inte alla människor blir frälsta, trots att Guds godhet och barmhärtighet är öppen för alla. För att man ska få del av Guds barmhärtighet genom Jesus Kristus, är det nödvändigt att man fruktar Gud och åkallar hans namn i bön om nåd. För att Gud ska bevara en i Kristus, behöver man också älska Gud och leva nära honom. Det är bara de som tror på sanningen, och älskar Gud uppriktigt, som kommer att bli frälsta till slut. Gud vill att vi ska ha ett val att följa honom eller inte, för att vi ska kunna gensvara på hans kärlek och älska honom på riktigt. Kristi brud, församlingen, består av de människor som av fri vilja

---

71 Ps. 145:9,18ff.
72 1 Tim. 4:10 + 2:4.

tror på Jesus, och som bevisar sin kärlek till Gud genom att de följer hans ord i sina liv.

De hatade kunskap och valde inte att vörda Herren, de ville inte veta av mitt råd utan föraktade alla mina varningar. Därför ska de få äta sina gärningars frukt och mättas av sina onda planer, för de okunnigas avfällighet ska döda dem och dårarnas sorglöshet förgöra dem. Men den som lyssnar till mig ska bo i trygghet och inte behöva frukta något ont.[73]

Denna text uppenbarar att orsaken till att de ogudaktiga drabbas av Guds dom är att de inte tar till sig Guds ords varningar, utan fortsätter att leva i sina synder. Texten uttrycker tydligt att de ogudaktiga hade möjligheten att vända om till Gud, men valde att inte göra det. De, däremot, som väljer (underförstått) att lyssna till Gud, behöver inte frukta något ont. Det är alltså sådana som inte drabbas av hans dom.

Kom, låt oss gå till rätta med varandra, säger Herren. Om än era synder är blodröda ska de bli snövita, om än de är röda som scharlakan ska de bli vita som ull. Om ni är villiga och lyssnar ska ni få äta landets goda. Men om ni vägrar och trotsar ska ni förtäras av svärd, för Herrens mun har talat.[74]

Enligt Herrens ord, genom profeten Jesaja till Israels folk, är det människans vilja respektive ovilja att höra på och ta emot Guds ords maning till omvändelse från alla synder, som avgör om hon drabbas av hans dom, eller om hon får del av hans barmhärtighet. Guds ord är tydligt och klart angående att så är fallet och vi behöver inte utarbeta några komplicerade teologiska system för att kunna förstå Bibelns klara undervisning.

---

73 Ords. 1:29-33.
74 Jes. 1:18-20.

Nu vill jag sjunga om min älskade, min älskades sång om hans vingård: Min älskade hade en vingård på en bördig bergskulle. Han grävde upp den och rensade den från stenar och planterade där ädla vinstockar. Han byggde ett vakttorn mitt i den och högg ut ett presskar. Sedan väntade han att den skulle bära äkta druvor, men den bar vilddruvor. Och nu, Jerusalems invånare och Juda män, döm mellan mig och min vingård. Vad mer kunde man göra för min vingård än vad jag har gjort för den? Varför bar den vilddruvor, när jag väntade att den skulle bära äkta druvor? Nu ska jag låta er veta vad jag ska göra med min vingård: Jag ska ta bort stängslet, och den ska bli ödelagd. Jag ska bryta ner muren, och den ska bli nertrampad. Jag ska ödelägga den, ingen ska beskära den eller gräva i den. Men tistel och törne ska växa upp, och jag ska befalla molnen att inte låta det regna på den. Herren Sebaots vingård är Israels hus och Juda folk hans älsklingsplantering. Han väntade laglydnad men fann blodiga lagbrott, han väntade rättfärdighet men fann skriande orättfärdighet.[75]

Detta är en av de klaraste texterna i Gamla Testamentet som uppenbarar att det inte är Gud som gör hela verket då människor omvänder sig och börjar leva i enlighet med hans undervisning. Gud hade gjort allt han kunde för att förmå sitt folk att leva i rättfärdighet, åtminstone enligt det gamla förbundets förutsättningar.[76] Det fanns människor även under det gamla förbundets tid som, i tro, levde rättfärdiga liv, vilket vi redan sett flera exempel på. I denna text från Jesaja talar Gud själv och säger att han hade väntat sig att judarna på Jesaja tid skulle leva i rättfärdighet, men att de istället levde i orättfärdighet.[77] Detta slår

75 Jes. 5:1–7.
76 Först med det nya förbundet får Guds folk del av den Helige Andes kraft och liv.
77 Enligt det mått av rättfärdighet som människor av fri vilja förmådde leva i genom tron på Gud, under Gamla Testamentets förutsättningar.

41

hål på kalvinismens lära om totalt syndafördärv, eftersom Gud uttryckligen säger att han förväntade sig att de skulle leva i lydnad av lagen, vilket inga människor i sitt naturliga tillstånd förmår enligt kalvinismen.[78] Hur kunde Gud förvänta sig något som han visste var omöjligt för dem att utföra? Sanningen är att människor, av fri vilja, kan omvända sig och, genom tron på Gud, leva liv som kännetecknas av rättfärdighet, om än inte syndfrihet.[79]

Vänd er till mig och bli frälsta, ni jordens alla ändar, för jag är Gud och det finns ingen annan.[80]

Denna vers utgör ännu ett bevis för att Gud verkligen vill att alla människor på hela jorden ska omvända sig till honom och bli frälsta. Gud vill att alla ska komma till omvändelse från all form av avgudadyrkan, såsom kärlek till pengar, och istället lita på Gud på alla livets områden. Gud vill frälsa hela världen och därför har Jesus smakat döden för alla människor.[81] Då människor står emot Guds vilja att föra dem till omvändelse och frälsning, bedrövar det honom djupt och gör honom mycket upprörd och vred.[82]

I kung Josias tid sade Herren till mig: Har du sett vad det avfälliga Israel har gjort? Hon gick upp på alla höga berg och bort under alla gröna träd och bedrev otukt. Jag tänkte att hon skulle vända tillbaka till mig när hon hade gjort allt detta. Men hon vände inte

---

78 Detta innebär inte att människor kan leva utan synd, men att man kan leva liv som, i huvudsak, består av yttre laglydnad, ungefär som vanliga människor förmår leva i lydnad av sitt lands lagar.

79 Frågan om en pånyttfödd kristen, i det nya förbundets tid, kan uppnå att ett tillstånd helt utan synd, i kraft av Anden, lämnar författaren öppen. I vilket fall som helst ska en kristens liv kännetecknas av rättfärdighet och inte av synd. Givetvis är helgelsen en process och man kan inte förvänta sig att en nyomvänd kristen är lika helgad som någon som har levt nära Herren i många år.

80 Jes. 45:22.

81 Hebr. 2:9.

82 Dom. 2:12; Ps. 78:5f; Mark. 3:5 m.fl.

tillbaka. Hennes otrogna syster Juda såg det. Och jag såg att fastän jag hade skilt mig från det avfälliga Israel och gett henne skilsmässobrev på grund av hennes äktenskapsbrott, så skrämdes ändå inte hennes otrogna syster Juda av det. Hon gick också bort och bedrev otukt, hon orenade landet med sin lättsinniga otukt och begick äktenskapsbrott med sten och trä. Och trots allt detta vände hennes otrogna syster Juda inte tillbaka till mig av hela sitt hjärta, utan bara i hyckleri, säger Herren.[83]

Hur kunde Gud tänka[84] att Israels barn skulle vända om från sin avgudadyrkan, om det var omöjligt för dem att vända om? Denna passage blir ännu märkligare om det var Gud som hade förutbestämt att israeliterna inte skulle kunna vända om. Här är det Gud själv som talar och uppenbarar sanningen om okristna människors andliga tillstånd. De är inte så fördärvade av syndafallet att det är omöjligt för dem att vända om. Efter att Gud hade gett Israels folk skilsmässobrev, vilket skedde då Israels rike gick under och de tio nordliga stammarna blev bortförda i fångenskap av assyrierna, ville Herren att Juda folk skulle ta varning av detta och hålla sig borta från avgudadyrkan. Detta skedde dock inte, utan även judarna begick mycket avgudadyrkan, i synnerhet under kung Manasses tid. Gud uppenbarar att han ville att judarna skulle vända om "av hela sitt hjärta," men deras omvändelse var falsk. Detta innebär, enligt Guds vittnesbörd, att människor kan vända om till honom av hela sitt hjärta. Vi har ett ansvar att verkligen göra det.

Människo-barn, jag har satt dig till väktare för Israels hus. När du hör ett ord från min mun ska du varna dem från mig. När jag säger till den ogudaktige: Du ska dö, och du inte varnar honom och inte säger något för att varna den ogudaktige för hans ogudaktiga väg och så rädda hans liv, då ska den ogudaktige dö i sin missgärning,

---

83 Jer. 3:6–10.
84 Det hebreiska ordet וָאֹמַר betyder ordagrant "Jag sade."

men jag ska utkräva hans blod av din hand. Men om du varnar den ogudaktige och han ändå inte vänder om från sin ogudaktighet eller sin ogudaktiga väg, då ska han dö i sin missgärning, men du har räddat din själ.[85]

Detta uppdrag att vara väktare för Israels hus fick profeten Hesekiel. Gud ville använda honom för att föra sitt folk till omvändelse från sina synder. Notera att Gud uttryckligen säger att han ska varna den ogudaktige för att "rädda hans liv." Det finns alltså en verklig möjlighet för den ogudaktige att vända om från sin synd och få leva, men om Hesekiel försummar att utföra sin tjänst som väktare, kommer han att få blod på sina händer. Han blir alltså medskyldig till att personer dör i sina synder, som kunde ha kommit till omvändelse om Hesekiel hade varnat dem.[86] Detta går inte ihop med kalvinismens teologi, eftersom de som inte är utvalda inte innehar någon verklig möjlighet att omvända sig och bli frälsta. Det är till och med omöjligt för dem att bli omvända.

Människobarn, säg till Israels hus: Ni säger: 'Våra brott och synder tynger oss, och vi förgås genom dem. Hur kan vi då leva?' Svara dem: Så sant jag lever, säger Herren Gud, jag gläder mig inte åt den ogudaktiges död. I stället vill jag att den ogudaktige vänder om från sin väg och får leva. Vänd om, vänd om från era onda vägar! Ni vill väl inte dö, ni av Israels hus?[87]

Guds vilja är inte att någon ogudaktig människa ska dö för evigt. Gud är kärlek och kan därför inte glädja sig över att syndare dör och går förlorade. Detta innebär givetvis inte att han inte kommer att döma alla de människor som dör i sina synder, men hans vilja var att de alla skulle komma till omvändelse och få ta emot hans barmhärtighet. Detta är i strid med kalvinistisk teologi, som lär att

---

85 Hes. 3:17ff.
86 Jämför Apg. 20:26.
87 Hes. 33:10f.

Gud vill fördöma majoriteten av alla människor, för att visa sin rättfärdighet och helighet. Domen över syndare som vägrat omvända sig är nödvändig för Gud att verkställa, eftersom han är rättfärdig. Han hade dock mycket hellre velat att de tog emot hans kärlek och fick leva med honom i all evighet.

Men nu, säger Herren, vänd om till mig av hela ert hjärta, med fasta, gråt och klagan. Riv sönder era hjärtan, inte era kläder, och vänd om till Herren er Gud, för han är nådig och barmhärtig, sen till vrede och stor i nåd, och han ångrar det onda.[88]

Detta utgör en av de härliga inbjudningar till omvändelse som Herren har gett oss i sitt ord. Guds karaktär kännetecknas inte av vrede och vilja att fördöma syndare, utan hans vilja är alltid att ge dem nåd och förlåtelse. Även om han, vid en viss tidpunkt, har bestämt sig för att låta ett land förgås till följd av dess invånares ondska, kan han ångra sitt beslut om de uppriktigt vänder om från sina synder.[89] Villkoret för att man ska få del av Guds barmhärtighet och förlåtelse är att man vänder om från sina synder av hela sitt hjärta. Ingen kan dölja något inför Gud, utan han ser om vi verkligen menar allvar med vår omvändelse. Vi behöver därför ha ett ödmjukt sinnelag, vara förkrossade över våra synder, ångra och bekänna dem som synd av hela vårt hjärta.[90] Denna möjlighet till omvändelse och frälsning från synden finns för alla människor.

Jona gick en dagsresa in i staden och predikade och sade: "Om fyrtio dagar ska Nineve förstöras." Och folket i Nineve trodde Gud. De utlyste en fasta och klädde sig i säcktyg, från den störste av dem till den minste. När budskapet nådde kungen i Nineve reste han sig från sin tron, tog av sin mantel och klädde sig i säcktyg och satte sig i aska. Sedan utropade och förkunnade man i Nineve enligt

---

88 Joel 2:12f.
89 Jer. 18:7f.
90 Jes. 57:15ff.

kungens och hans stormäns befallning: "Varken människor eller djur, kor eller får ska smaka något. De får inte beta eller dricka. Både människor och djur ska klä sig i säcktyg. Alla ska ropa till Gud med kraft och vända om från sin onda väg och de övergrepp han begår. Vem vet, då kanske Gud vänder om och ångrar sig och vänder sig från sin glödande vrede så att vi inte går under." När Gud såg vad de gjorde, att de vände om från sin onda väg, ångrade han det onda som han hade hotat att göra mot dem och gjorde det inte.[91]

Detta är en mycket intressant text om Guds godhet och välvilja gentemot alla folk. Folket i Nineve tillhörde det hedniska folkslaget assyrier, som på profeten Jonas tid utgjorde ett fruktat krigarfolk. I likhet med de andra hednafolken tillbad de många olika gudar istället för den ende och sanne Guden, som har skapat allt. Gud är dock inte bara Israels Gud, inte ens under Gamla Testamentets tid, utan i alla tider har Gud längtat efter att människor av alla jordens folk ska ledas ur sin avgudadyrkan och sina synder, för att de istället endast ska tillbe och tjäna honom.[92] Gud vill inte fördöma syndiga folk, utan föra dem till omvändelse.[93] Därför sände Gud profeten Jona till folket i Nineve.

Till följd av att ondskan bland människorna i Nineve var så stor, hade Gud bestämt sig för att förgöra hela staden med dess invånare.[94] Han sände Jona för att tillkännage domen som skulle drabba dem. Efter Jonas berömda flykt från detta uppdrag, och hans tid i en stor fisks buk, lydde han till slut Guds kallelse och predikade om Guds kommande dom över staden. Notera vad som händer efter att Jona hållit sin domspredikan. Guds ord säger att "folket i Nineve

---

91 Jona 3:4–10.
92 Apg. 17:26f.
93 Jer. 18:7f.
94 Jona 1:2; 3:4,10.

trodde Gud." Det var inte Gud som gjorde så att de började tro, utan folket gensvarade på Guds ord i tro. Detta drev dem till att helhjärtat omvända sig från alla sina synder och ropa på den sanne Guden (om barmhärtighet). Gud såg att deras omvändelse var uppriktig och därför ångrade han beslutet att förstöra staden, och skonade dem. På samma sätt är det med hotet om dem kommande vredesdomen över världen. Alla syndare är på väg mot evigt straff till följd av sina synder, men var och en har möjligheten att gensvara på Guds ord i tro, omvända sig från alla sina synder och undkomma den kommande vredesdomen genom tron på Jesu försoning av mänsklighetens synder på korset!

Och Herrens ord kom till Sakarja. Han sade: Så säger Herren Sebaot: "Döm rätta domar och visa varandra godhet och barmhärtighet. Förtryck inte änkan och den faderlöse, främlingen och den fattige, och tänk inte ut ont mot varandra i era hjärtan." Men de ville inte lyssna på detta utan var upproriska och stängde sina öron så att de inte hörde. De gjorde sina hjärtan hårda som diamant så att de inte hörde den undervisning och de ord som Herren Sebaot genom sin Ande hade sänt genom forna tiders profeter. Därför kom stor vrede från Herren Sebaot. Och liksom de inte ville höra när han ropade, vill jag inte höra när de ropar, sade Herren Sebaot.[95]

Enligt denna text är det människors ovilja att lyssna till Guds maningar till omvändelse, liksom deras vägran att underordna sig hans ord, som leder till att Guds vrede drabbar dem. Det är alltså inte Gud som hindrar judarna att ta emot det varningar han ger dem genom sina profeter. Gud sände ju profeterna till judarna för att förmå dem att omvända sig från sina synder. Notera att det står att "De gjorde sina hjärtan hårda som diamant så att de inte hörde den undervisning som Herren Sebaot genom sin Ande hade sänt dem

---

95 Sak. 7:8–13.

genom forna tiders profeter." Detta talar starkt emot kalvinismens
första punkt, om totalt syndafördärv till den grad att ingen människa
kan gensvara på Guds kallelse till omvändelse. I sitt syndfulla
tillstånd var alltså inte de icke-pånyttfödda judarna så hårda i sina
hjärtan att det var omöjligt för dem att lyssna till Guds ord genom
profeterna. Det var istället de själva som, av fri vilja, stängde till
sina hjärtan och, aktivt, gjorde dem hårda som diamant (bildligt
talat), så att de inte hörde på Guds ord och omvände sig.

*Säg inte: "Det var Herren som fick mig att avfalla" – han
framkallar inte det han avskyr. Säg inte: "Det var han som förde
mig vilse" – han har ingen användning för en syndare. Herren
avskyr all vidrighet, och ingen gudfruktig älskar den. Han skapade
människan i begynnelsen och överlämnade henne åt hennes eget
val. Om du vill kan du hålla buden. Du bestämmer själv om du skall
vara trogen. Eld och vatten har han lagt framför dig: räck ut din
hand efter vilket du vill. Framför människan ligger livet och döden,
och hon får det hon väljer.*[96]

Vad? Står detta verkligen i Bibeln, kanske du tänker? Om du inte
känner igen texten kan det bero på att du aldrig har läst den. Den
ingår i boken Syraks vishet, en av Gamla Testamentets så kallade
apokryfa eller deuterokanoniska böcker.[97] I svenska biblar finns de

---

96 Syr. 15:11-17 (Bibel 2000).

97 De flesta protestanter tror att de så kallade apokryfiska böckerna i Gamla
Testamentet, däribland (Jesus) Syraks vishet, inte alls tillhör Guds inspirerade
ord. Så trodde emellertid inte de första generationerna kristna, utan de citerade
flitigt från alla gammaltestamentliga böcker, inklusive de apokryfa eller
deuterokanoniska skrifterna. I den tidiga kyrkan använde man Septuaginta som
sitt Gamla testamente. I Septuaginta ingick även de skrifter som långt senare i
kyrkans historia började kallas apokryfer, det vill säga 1 Esdras, Tobit, Judit, 1–
2 Mackabeerböckerna, Salomos vishet och Jesus Syraks vishet. Septuaginta
utgjorde inte en dålig översättning till grekiska av den så kallade Masoretiska
textvarianten, den version av den hebreiska grundtexten som brukar användas
vid översättningar av Gamla Testamentet, som många tror. Istället har fynden

numera bara i vissa utgåvor av Bibel 2000. Dessa böcker betraktades som kanoniska under kyrkans första århundraden. Tyvärr förkastades emellertid dessa böcker på 1500-talet av de flesta protestanter, under Martin Luthers påverkan.[98] Han ansåg att de visserligen var nyttiga att läsa, men inte jämbördiga med de kanoniska böckerna i Gamla Testamentet då det gäller att avgöra trosfrågor. En anledning till att han förkastade bland annat Syraks vishet, kan ha varit att den så starkt lär att alla människor har fri vilja, med vilken vi är med och avgör vårt eviga öde. Martin Luther var mycket påverkad av Augustinus teologi, vilket bidrog till att han nedvärderade böcker som talade emot hans förståelse av predestination och rättfärdiggörelse genom tro allena. Om han hade kunnat, hade han även tagit bort Jakobsbrevet från Nya Testamentets kanon.[99]

Denna text från Syraks vishet gör det fullständigt klart att det inte alls är Gud som ligger bakom att människor inte kommer till tro och vandrar den smala vägen till livet. Istället är det vi människor som väljer om vi följer Guds väg, eller om vi går vår egen väg. Texten innehåller förstås inte hela sanningen om hur människor blir frälsta, utan den ska förstås tillsammans med vad resten av Skriften lär. Om vi gör det blir det uppenbart att det vare sig är vi som frälser oss själva, genom att ständigt göra rätt val, eller Gud som ovillkorligen förutbestämmer vilka som blir frälsta. Istället är det så att det är både Guds verk i en människas hjärta, och människans gensvar på Guds verk, som leder till att hon blir antingen frälst eller förtappad. Frälsningen är med andra synergistisk, en samverkan mellan Gud och varje enskild människa.

Nya Testamentet

När Jesus var på väg in i Kapernaum, kom en officer fram och bad honom: "Herre, min tjänare ligger förlamad där hemma i svåra plågor." Jesus sade till honom: "Jag kommer och botar honom." Officeren svarade: "Herre, jag är inte värd att du går in under mitt tak. Men säg bara ett ord, så blir min tjänare frisk. Jag är själv en man som står under befäl, och jag har soldater under mig. Säger jag till en: Gå, så går han, och till en annan: Kom, så kommer han, och till min tjänare: Gör det här, så gör han det." När Jesus hörde detta, blev han förundrad och sade till dem som följde honom: "Jag säger er sanningen: Inte hos någon i Israel har jag funnit en så

---

especially Romans, Galatians, and Ephesians and St. Peter's first Epistle are the books that show you Christ and teach you all that it is necessary and good for you to know even though you were never to see or hear any other book or doctrine. Therefore St. James' Epistle is really an epistle of straw, compared to them. For it has nothing of the nature of the Gospel about it." (Citatet är hämtat från denna länk: https://www.scrollpublishing.com/store/Luther-New-Testament.html.") Att alltså kalla Jakobsbrevet, som ingår i Guds ord, en "halmepistel" bör närmast betraktas som hädelse.

*stark tro. Och jag säger er: Många ska komma från öster och väster
och ligga till bords med Abraham och Isak och Jakob i himmelriket.
Men rikets barn ska kastas ut i mörkret utanför. Där ska man gråta
och gnissla tänder."[100]*

Notera Jesu förvåning över officerens starka tro! Om kalvinismen
vore sann hade det inte funnits någon anledning alls för Jesus att
förvåna sig över någons tro. Han hade ju i så fall vetat att det var
hans Fader som gjorde så att officeren trodde, liksom alla de andra
som kom till tro på honom. Jesus säger dessutom att han inte hade
funnit så stark tro hos någon i Israel, som han funnit i den romerske
officeren. Om Jesus lära hade överensstämt med kalvinismen, hade
han inte sanningsenligt kunna säga att han "funnit tro" hos någon.
Kalvinismen lär ju att ingen kan tro utan att Gud först föder de
utvalda på nytt och ger dem trons gåva. Man kan ju inte söka efter
något som omöjligen kan finnas, om inte Gud själv ger det! Av
kontexten är det dessutom uppenbart att det var frälsande tro som
Jesus hade funnit i officeren. Jesus säger ju att många ska komma
från öster och väster och ligga till bords med Abraham, Isak och
Jakob i himmelriket, medan de judar som inte tror (rikets barn),
kommer att hamna i helvetet. Det är alltså otro som fördömer de
som går förlorade och inte Guds beslut att undanhålla dem
frälsningens gåva.

*Sedan sade några skriftlärda och fariseer till honom: "Mästare, vi
vill se dig göra ett tecken." Han svarade dem: "Ett ont och trolöst
släkte söker ett tecken, men det ska inte få något annat tecken än
profeten Jonas tecken. För liksom Jona var i den stora fiskens buk
i tre dagar och tre nätter, så ska Människosonen vara i jordens inre
i tre dagar och tre nätter. Nineves män ska vid domen uppstå med
det här släktet och bli deras dom. De omvände sig vid Jonas
predikan, och här är något som är större än Jona. Söderns*

---

drottning ska vid domen uppstå med det här släktet och bli deras dom. Hon kom från jordens ände för att lyssna till Salomos vishet, och här är något som är större än Salomo.[101]

Detta är en viktig text eftersom Herren själv ger oss en ofelbar tolkning av vad som hände då Jona predikade för invånarna i Nineve, ca 800 år tidigare. De omvände sig, trots att Jona var en enkel profet från ett avlägset land. De kände inte ens till den sanne Guden, som hade sänt Jona. Trots detta omvände de sig då de hörde att Guds dom skulle drabba dem och förstöra hela staden. Jesus jämför den respons som invånarna i Nineve gav på Jonas predikan, med de skriftlärda och fariseernas respons på Jesu förkunnelse och underverk. Trots att Jesus var (och är) Guds ende Son, som blivit människa, ville inte de skriftlärda och fariseerna omvända sig och tro på honom. De bevittnade någon som var oerhört mycket större än profeten Jona, men till skillnad från invånarna i Nineve, omvände de sig inte. Jesus förklarar att Nineves män på domens stora dag kommer att uppstå, med de skriftlärda och fariseerna, och fördöma dem.[102] Varför kommer männen i Nineve kunna göra det? Jo, eftersom de omvände sig, medan de skriftlärda och fariseerna inte gjorde det.

Om kalvinismen vore sann var det i själva verket Gud som gav invånarna i Nineve oemotståndlig nåd, som drev dem till att automatiskt omvända sig. Denna nåd fick emellertid inte de skriftlärda och fariseerna, varför dessa förblev i sina synder och sin otro. Men, om enda skillnaden mellan männen i Nineve och de judiska religiösa ledarna var att Gud gav de förra oemotståndlig nåd, så att de omvände sig, medan denna nåd undanhölls de senare, hur kan då de förra fördöma de senare? Anledningen till att männen i Nineve på domens dag kommer kunna fördöma de skriftlärda och

---

101 Matt. 12:38-42.
102 I grundtexten används ordet Katakrinousin, som betyder "fördöma."

52

fariseerna, är att de förra av fri vilja samarbetade med Guds nåd och kallelse till omvändelse, medan de senare inte gjorde det. Detsamma gäller för "Söderns drottning," det vill säga drottningen av Saba, gentemot de skriftlärda och fariseerna. Om människor inte är i stånd att antingen omvända sig eller vägra att göra det av fri vilja, har de som omvänt sig ingen anledning alls att fördöma dem som inte omvänder sig, eftersom det enbart var Gud som gjorde så att de förra omvände sig, men såg till att de senare förblev i sina synder, utan verklig förmåga att omvända sig och bli frälsta. Det är inte Bibelns lära! Det är istället så att Gud är alltigenom rättfärdig och rättvis. Därför fördömer han bara dem som vägrar omvända sig, och frälser dem som omvänder sig av fri vilja.

Men Jesus sade till dem: "En profet föraktas inte utom i sin hemstad, sin släkt och sin egen familj." Han kunde inte göra någon kraftgärning där, utom att bota några få sjuka genom att lägga händerna på dem. Och han var förundrad över deras otro.[103]

Här befinner sig Jesus i sin hemstad Nasaret, där han hade vuxit upp med Josef, Maria och sina syskon. Alla i byn visste vem han var och de trodde därför att han var en vanlig man, om än ovanligt god och kärleksfull. Nu försöker han nå dem genom sin undervisning och sina underverk. Deras respons blir dock allt annat än god och de tar inte alls emot honom ens som en Guds profet. Jesus hade inte förväntat sig ett så omfattande motstånd och otro från folket i Nasaret. Därför var han till och med "förundrad över deras otro." Hur kunde han vara det, om kalvinismen är sann? Jesus är vår främste Lärare och det är hans lära och exempel vi ska utgå ifrån då vi fastslår vad som är rätt lära och inte.[104] Jesus blev förundrad över nasarenernas otro, eftersom han givetvis visste hur deras tillstånd som icke-pånyttfödda människor verkligen var. Han

103 Mark. 6:4ff.
104 Matt. 23:8; Hebr. 1:2.

visste att de inte var totalt fördärvade av synden, till den grad att det var omöjligt för dem att tro på honom. Anledningen till att Jesus blev förvånad över deras otro, var för att de borde ha kommit till tro efter alla under han hade utfört.

På den tiden då Herodes var kung i Judeen fanns i Abias prästavdelning en präst som hette Sakarias. Hans hustru var av Arons släkt och hette Elisabet. Båda var rättfärdiga inför Gud och levde fläckfritt efter Herrens alla bud och föreskrifter.[105]

Detta är en beskrivning av Johannes Döparens föräldrar. De levde fortfarande under det gamla förbundets tid, men de beskrivs ändå som rättfärdiga människor, som "levde fläckfritt efter Herrens alla bud och föreskrifter. Det kan inte innebära att Sakarias och Elisabeth var helt utan synd, eftersom Bibeln i så fall skulle säga emot sig själv,[106] men det innebär att de levde så väl som de förmådde, i det i synd fallna tillstånd som alla människor befinner sig i. De som är intressant är att de räknades som rättfärdiga inför Gud, eftersom de trodde på honom och tjänade honom väl.[107] Om kalvinismen vore sann finns det ingen anledning att prisa någon människas gudsfruktan och efterföljelse, eftersom det enbart är Gud som gör så att de utvalda lever rättfärdigt.

Jag säger er: Bland dem som fötts av kvinnor finns ingen större än Johannes. Men den minste i Guds rike är större än han." Och allt folket som lyssnade, även tullindrivarna, gav Gud rätt och döptes med Johannes dop. Men fariseerna och de laglärda förkastade Guds plan för dem och lät sig inte döpas av honom.

---

105 Luk. 1:5f.
106 Rom. 3:23.
107 Även de behövde givetvis renas genom Jesu blod, vilket förmodligen skedde efter att Jesus hade dött och många heliga, som var döda, fick liv i sina kroppar, enligt Matt. 27:51ff.

54

Oj, läste vi verkligen rätt? "Men fariseerna och de laglärda förkastade Guds plan för dem och lät sig inte döpas av honom." Ja, detta är Guds inspirerade ord och uppenbarar att människor kan motstå Guds vilja och plan för dem, genom att de förkastar denna plan. Gud ville att hela det judiska folket skulle ta emot Jesus, omvända sig från sina synder och låta döpa sig till syndernas förlåtelse.[108] Gud ville inte att ens de stolta och självrättfärdiga fariseerna, eller de laglärda, skulle dö i sina synder och gå förlorade. Därför beredde han en väg till frälsning också för dem. Dessa stod dock emot Guds plan och gick därför förlorade. Detta talar givetvis starkt emot kalvinismens läror. Något som är värt att poängtera är att ordet som översatts "plan" är samma ord som i Ef. 1:11 översätts med ordet "beslut."[109] Detta är intressant eftersom Ef. 1:11 ibland används av kalvinister för att bevisa att Gud styr precis allt som händer, till och med alla onda handlingar som människor begår. Den versen säger dock inte att precis allt som sker, inklusive människors synder, är styrda av Gud. Om man på allvar menar det så är det i det närmaste hädelse mot Gud. Vi har ju sett att fariseerna och de laglärda stod emot Guds plan för dem, vilket naturligtvis inte var styrt av Gud.

Då sa herren till tjänaren: Gå ut på vägarna och stigarna och uppmana dem enträget att komma in, så att mitt hus kan bli fullt.[110]

Denna vers står i slutet av den så kallade liknelsen om den stora måltiden (Luk. 14:16-24). Herren som ordnar den stora måltiden symboliserar Gud själv, som först inbjuder judarna att vara med på den stora festmåltiden, alltså det eviga livet i Guds rike. De förkastar dock inbjudan, varpå inbjudan går ut till fattiga, blinda och andra utstötta människor. Sedan går inbjudan ut till alla

108 Luk. 3:3.
109 Gr. βουλή
110 Luk. 14:23 (Svenska Reformationsbibeln 2016).

människor. Ordet i grundtexten som har översatts med "uppmana enträget," betyder i flera andra sammanhang "tvinga."[111] I detta sammanhang är det inte troligt att det bör förstås så bokstavligt, utan har förmodligen betydelsen "nödga" eller "enträget uppmana." Om kalvinismen vore sann är detta ett konstigt sätt av Jesus att beskriva hur människor ska föras in i Guds rike. Enligt kalvinismen finns det inget verkligt behov av att försöka övertala människor att ta steget in i Guds rike. De utvalda kommer ju vi vilket fall som helst att födas på nytt av Gud, så att de börjar tro evangeliet. Det var emellertid inte så apostlarna förstod saken, utan de kunde ta lång tid på sig för att försöka övertala människor att Jesus är Messias.[112]

Men ska Människosonen finna tron på jorden när han kommer?[113]

Denna intressanta fråga ställer sig Jesus efter att han, genom liknelsen om änkan och domaren, undervisat om hur viktigt det är att hans lärjungar ber uthålligt i tro, ända tills Gud svarar på bönerna. Jesus frågar sig sedan om han verkligen kommer att finna en så stark tro på jorden då han kommer. En annan sak som är väldigt intressant är att Jesus uttryckligen säger att det är de utvalda, som ropar till Gud dag och natt, som får bönesvar.[114] De utvalda är alltså inte ett oföränderligt antal personer, som Gud ovillkorligen utvalt till frälsning, utan de människor som har en stark och orubblig tro på Gud, som driver dem till uthållig bön.

Jesus ställer sig frågan om han kommer att finna en sådan skara med stark tro då han kommer tillbaka till jorden. Det är således

---

111 Till exempel i Apg. 26:11 och Gal. 2:3. Märkligt nog använde faktiskt kyrkofadern Augustinus denna bibelvers för att försvara att den institutionella kyrkan använder våld för att tvinga människor in under kyrkans väggar!
112 Till exempel i Apg. 28:23f.
113 Luk. 18:8b.
114 Luk. 18:7.

ingenting som är ödesbestämt, utan var och en av oss kan gensvara på denna varning från Herren och se till att vi har den starka tro och relation med Gud som Jesus vill se på domens dag. Om vi ser till att vi har en sådan tro, kommer vi att få tillhöra de utvalda, som får del av det eviga livet. Det är också i ljuset av detta ord vi bör förstå Jesu ord i Matt. 24:24, där Jesus bland annat talar om falska profeter som, genom under och tecken, ska försöka "om möjligt bedra även de utvalda." Jesus syftar inte på en skara människor som Gud ovillkorligen har gett nåden att inte kunna bli bedragna av falska profeter, utan om sådana som verkligen älskar Gud och sanningen, och ser till att inte bli bedragna av falska profeter. Det är sådana som får tillhöra Guds utvalda folk i all evighet.

Det kom en man, sänd av Gud. Hans namn var Johannes. Han kom som ett vittne för att vittna om ljuset, för att alla skulle komma till tro genom honom. Själv var han inte ljuset, men han kom för att vittna om ljuset. Det sanna ljuset, som ger ljus åt alla människor, skulle nu komma in i världen. ... Nästa dag såg han Jesus komma, och han sade: "Se Guds Lamm som tar bort världens synd!"

Denna text i Johannesevangeliets första kapitel uppenbarar väldigt klart vad Johannes Döparens uppdrag var. Han skulle "vittna om ljuset, för att alla skulle komma till tro genom honom." Målet var inte bara att ett begränsat antal utvalda människor skulle komma till tro på Jesus genom Johannes, utan alla människor. Johannes Döparen har dessutom gett oss en av de starkaste beskrivningarna av Jesu frälsningsverk: "Se Guds Lamm, som tar bort världens synd." Johannes trodde absolut inte på kalvinismens lära om begränsad försoning, utan Jesu utgjutna blod på korset förmår rena alla människor, utan undantag, från alla deras synder.

Jesus såg Natanael komma och sade om honom: "Här är en sann israelit som är utan svek."[115]

Natanael blev en av Jesu tolv apostlar.[116] En anledning till att Jesus utvalde honom till att bli apostel och vara hans trogna vittne, mitt ibland ett falskt och fördärvat släkte,[117] är förmodligen att han, enligt Jesu egna ord, var en sann israelit utan svek. Detta innebär inte att han var syndfri, men han var en mycket pålitlig man som inte skulle svika det uppdrag Jesus gav honom. Men, hur kunde han vara utan svek om kalvinismens lära om totalt syndafördärv vore sann? Kalvinister använder bland annat Rom. 3:13 för att ”bevisa” att precis alla människor, som inte har blivit födda på nytt, är fullständigt fördärvade i moraliskt avseende. Där står det bland annat att människor använder sina tungor till att tala svek. Natanael var dock inte en man som talade svek, utan en man som stod för sitt ord och höll sina löften, trots att han inte var född på nytt då Jesus träffade honom. Paulus citerar Psalm 5:10 då han beskriver människors svekfullhet i Rom. 3:13. Psaltaren är en bok med mycket bilder och starka uttryck och allt bör man inte förstå bokstavligt. Det är troligt att poängen är att många, förmodligen de flesta människor, är svekfulla. Det finns emellertid lysande undantag, till exempel Natanael, som av fri vilja väljer att vara pålitliga människor.

Ni har skickat bud till Johannes, och han har vittnat för sanningen. Jag tar inte emot en människas vittnesbörd, men jag säger det här för att ni ska bli frälsta. Han var en lampa som brann och lyste, och för en tid ville ni glädja er i hans ljus. ... Ni forskar i Skrifterna, för

---

115 Joh. 1:47.

116 Han nämns även i Joh. 21:2, tillsammans med några av de andra apostlarna. Förmodligen är han samma person som kallas Bartolomeus i Matt. 10:13.

117 Fil. 2:15.

58

ni tror att ni har evigt liv i dem. Det är just de som vittnar om mig, men ni vill inte komma till mig för att få liv.[118]

Här talar Jesus förmodligen ännu en gång med skriftlärda och fariseer, eftersom de han talar med ville döda honom, efter att han på sabbaten hade botat en lam man och kallat Gud sin Far.[119] Jesus visste att det inte var sannolikt att dessa stolta och mordlystna män skulle komma till omvändelse, men han hade inte helt givit upp hoppet om dem. Därför för han ett långt samtal med dem.[120] Notera att Jesus talar om Johannes döparen, som hade vittnat om sanningen att Jesus är Messias och "Guds lamm som tar bort världens synd." Han resonerar med dem och försöker få dem att förstå att han verkligen är Guds Son och att den som hör hans ord och tror på Fadern, som sänt honom, har evigt liv.[121] Jesus själv ger oss svaret på frågan varför han undervisar dessa hårdhjärtade män; "för att ni ska bli frälsta."[122] Det var inte förutbestämt att de inte skulle få komma till tro och bli frälsta, eftersom Gud hade bestämt sig för att låta dem gå förlorade, utan Jesus gav dem en genuin möjlighet att ta emot honom och hans budskap. Anledningen till att de (flesta av dem) inte blev frälsta var, enligt Jesus själv, att de inte *ville* komma till honom för att få liv. Det var alltså deras egna viljas beslut som fördömde dem och inte Guds beslut att undanhålla dem frälsningens gåva.

Våra fäders Gud har uppväckt Jesus, som ni hängde upp på trä och dödade. Honom har Gud upphöjt till sin högra sida som furste och frälsare för att ge Israel omvändelse och syndernas förlåtelse. Vi

---

118 Joh. 5:33-35,39f.
119 Joh. 5:15-18, jämför till exempel Matt. 12:10-14.
120 Hela samtalet utgör Joh. 5:17-47.
121 Joh. 5:19-26.
122 Gr. σωθῆτε (konj.) Verbformen indikerar något som kan ske, men det är inte säkert att det kommer ske.

är vittnen till detta, vi och den helige Ande som Gud har gett till dem som lyder honom.[123]

Här talar apostlarna inför judarnas stora råd, som hade gripit dem och försökte helt förbjuda dem att sprida budskapet att Jesus är Messias. Trots detta vittnade de frimodigt och förkunnade sanningen om Jesus – De förklarade att han verkligen är Messias, som Gud uppväckt från de döda och nu sitter på högra sidan om Fadern som furste och frälsare. Han har gjort detta "för att ge Israel omvändelse och syndernas förlåtelse." Låter inte detta som ett uttryck som ger stöd åt kalvinismen? Kalvinister lär ju att det är Gud som föder de utvalda på nytt och ger dem nåden att omvända sig och tro evangeliet. Som alltid är fallet måste vi dock tolka skrift med skrift och inte dra förhastade slutsatser.

I Titus 2:11 står det att "Guds nåd har uppenbarats till frälsning för alla människor." Guds klara vilja och syfte med Jesu fullbordade försoningsverk är att frälsa alla människor från syndens makt. Han vill genom Jesus föra alla människor till omvändelse och ge dem del av syndernas förlåtelse genom Lammets dyra blod. I Romarbrevet 2:4–5 behandlas Guds försök att föra hårdhjärtade och självrättfärdiga syndare till omvändelse med följande beskrivning: "Eller föraktar du att han är så rik på godhet och fördragsamhet och tålamod, utan att förstå att det är Guds godhet som leder dig till omvändelse? Men genom din hårdhet och ditt obotfärdiga hjärta samlar du på dig själv vrede till vredens dag, när Guds rättvisa dom ska uppenbaras."[124] Paulus gör det fullständigt klart att Gud i sin godhet försöker föra även hårda och stolta syndare till omvändelse, men de vägrar ödmjuka sig och vänder inte om. Till följd av detta samlar de på sig ännu mer vrede inför domens dag, då Gud kommer uttömma sin vrede över alla som inte har

---

123 Apg. 5:30ff.
124 Svenska Reformationsbibeln 2016.

omvänt sig och trott evangeliet. Anledningen till att sådana människor drabbas av ett ännu större mått av Guds vrede på domens dag är att de kunde ha omvänt sig, men stod emot Guds försök att omvända dem. Gud är en rättvis domare och kommer inte straffa någon hårdare för att de inte omvänt sig, om det verkligen hade varit så att de inte kunde omvända sig, på grund av sitt totala syndafördärv.

Då apostlarna sa att Gud upphöjt Jesus till "furste och frälsare för att ge Israel omvändelse och syndernas förlåtelse," menar de inte att Gud gör så att de utvalda automatiskt omvänder sig. De underströk ju att Gud ger Israels folk omvändelse och syndernas förlåtelse genom Jesus. Gud vill alltså frälsa judar och ge dem syndernas förlåtelse. Jämför detta med Jesu ord i Matt. 15:24: "Jag är inte sänd till andra än de förlorade fåren av Israels hus." Vilka var de förlorade fåren av Israels hus? Svar: alla judar.[125] Efter sin död och uppståndelse gäller kallelsen till omvändelse och frälsning inte bara för judarna, utan för alla människor.[126] Betydelsen av att Gud ger Israel omvändelse genom Jesus är att alla judar har fått möjligheten att omvända sig och tro evangeliet. Det är dock inte alla som gensvarar på kallelsen, utan istället står emot den helige Ande.[127] Gud ger frälsningens gåva och den helige Ande endast åt "dem som lyder honom."[128] Detta innebär att det är de som inte står emot Andens överbevisning om synd och Guds kallelse till omvändelse och frälsning från alla synder genom Jesu blod, utan som istället tar emot Guds ord och låter döpa sig, som faktiskt får del av frälsningens gåva.[129] Det är alltså de som uppfyller villkoren för att få del av frälsningen, som blir frälsta.

---

125 Jes. 53:6.
126 Apg. 17:30; Rom. 1:16; 3:23ff m.fl.
127 Apg. 7:51
128 Apg. 5:32.
129 Apg. 2:37-41.

Då började Petrus tala: "Nu förstår jag verkligen att Gud inte gör skillnad på människor, utan tar emot den som fruktar honom och gör det som är rätt, vilket folk han än tillhör. ... "[130]

Dessa ord utbrister aposteln Petrus i den hedniske officeren Cornelius hus, som han som jude egentligen inte fick gå in i.[131] Genom att, i en syn, låta Petrus se en linneduk komma ner från himlen med alla slags djur, enligt Mose lag såväl rena som orena djur, hade Gud låtit Petrus förstå att det var dags att inte bara förkunna evangeliet för judarna, utan även för hedningarna. Varför utvalde då Gud just Cornelius till att, tillsammans med sitt hus, bli den förste hedningen som fick höra evangeliet och bli frälst genom tron på Jesus? Jo, därför att han var en gudfruktig man, som brukade be och ge stora gåvor till folket.[132] Detta behagade Gud och därför sände han aposteln Petrus till Cornelius, för att predika evangeliet och så frälsa honom och hans familj.[133]

Notera att Petrus också säger att Gud inte gör skillnad på människor. Gud är alltså rättvis och ger alla människor samma möjlighet att bli frälsta genom tron på Jesus Kristus. Detta bekräftas av Paulus i bland annat Rom. 2:10-11, där han förklarar att Gud ger "härlighet, ära och frid åt var och en som gör det goda, ... för Gud är inte partisk." Gud är alltigenom god och rättvis och därför strider det emot hans karaktär att göra skillnad på människor, genom att bara ge vissa (utvalda) nåden att komma till tro och bli frälsta, medan alla andra utlämnas till att dö i sina synder och bli fördömda. Kalvinismens lära om ovillkorlig utkorelse får som logisk konsekvens att Gud faktiskt gör skillnad på människor, genom att

---

130 Apg. 10:34f.
131 Apg. 10:28.
132 Apg. 10:2ff.
133 Apg. 10:30-33; 11:14.

han bara ger frälsande nåd till vissa och inte till andra. Detta strider uppenbarligen mot Guds klara ord.

Tror du på profeterna, kung Agrippa? Jag vet att du tror." Agrippa svarade Paulus: "Snart övertalar du väl mig att bli kristen!" Paulus svarade: "Snart eller längre fram, inför Gud önskar jag att inte bara du utan alla som hör mig i dag blir som jag, bortsett från de här bojorna."[134]

Paulus säger dessa ord i slutet av ett försvarstal inför den lokale kungen Agrippa, som regerade över Galileen. Paulus är fånge på grund av sin tro, under den romerske ståthållaren Festus. Hans judiska landsmän anklagar honom bland annat för brott mot Mose lag, och vanhelgande av templet. Paulus har vädjat till kejsaren, vilket innebär att han måste föras till Rom. Eftersom Festus behöver ha klarhet över exakt vad han bör ställas till rätta för, låter han honom hålla ett försvarstal inför kung Agrippa. I detta tal har Paulus bland annat berättat om hur han tidigare varit farisé och förföljare av de kristna, men att hans möte med den uppståndne Jesus på sin väg till Damaskus förändrade allt. Jesus lät honom förstå att han hade utvalt honom till att föra ut budskapet om honom till såväl judar som hedningar: "Men res dig och stå på dina ben! Jag har visat mig för dig för att utse dig till tjänare och vittne, både till det du har sett och till det jag ska visa dig. Och jag ska rädda dig från ditt eget folk och från hedningarna. Jag sänder dig till dem för att öppna deras ögon, för att vända dem från mörker till ljus och från Satans makt till Gud, så att de får syndernas förlåtelse och en plats bland dem som helgats genom tron på mig."[135]

Notera att Jesus själv säger till Paulus att han ska vara hans vittne inför både judar och hedningar, för att de ska ledas ur mörkrets

---

134 Apg. 26:27ff.
135 Apg. 26:16ff.

makt och få del av syndernas förlåtelse genom tron. Här finns ingen begränsning. Alla människor kallas att omvända sig och få del av syndernas förlåtelse. Jesus vill att alla ska få sina ögon öppnade för sanningen och föras från mörkret till ljuset, från Satans makt till Gud. Därför säger också Paulus till Agrippa att han, inför Gud, önskar att inte bara han själv, utan alla som lyssnar på honom, blir som han. Med detta menar han att han önskar att alla som hör honom ska bli kristna. Det är ett underligt uttalande av Paulus om han verkligen hade varit kalvinist. Vill han att människor ska bli frälsta som Gud inte har utvalt? Varför skulle han vilja att människor blir frälsta som Gud inte vill frälsa? Har han mer kärlek till människor än Gud? Nej, anledningen till att Paulus formulerade sig så är att han trodde på sanningen att precis alla människor kan bli frälsta, genom tron på Jesus.

Och när de hade kommit överens med honom om en viss dag, kom många till honom där han bodde. För dessa förklarade han och vittnade om Guds rike, och övertygade dem om det som rörde Jesus, både utifrån Mose lag och profeterna, från tidigt på morgonen till kvällen. Och några trodde det som blev sagt, men andra trodde inte.[136]

Paulus befinner sig i Rom, som fånge för Kristi skull. Han har under denna period mycket frihet, trots fångenskapen, och hade kallat samman ett antal av de ledande judarna i staden för att predika evangeliet för dem. Paulus trodde inte att det var omöjligt för dem att komma till tro på Jesus och bli frälsta, såvida inte Gud ovillkorligen hade förutbestämt dem till frälsning. Därför ägnade han hela dagen åt att undervisa dem om vad Skriften lär om Jesus och Guds rike. I grundtexten står det att en del av dem blev övertygade[137] av det som Paulus undervisade, men att andra inte

---

136 Apg. 28:23f (Svenska Reformationsbibeln 2016).
137 Gr. ἐπείθοντο.

trodde. Det låter helt klart som att de som kom till tro blev övertygade av Paulus undervisning, medan de som inte trodde helt enkelt inte tog emot den sanning de fick höra. Det finns inte minsta antydan om att Gud födde dem av judarna han utvalt på nytt, så att de kunde tro på evangeliet.

För om döden kom att regera efter en endas fall genom denne ende, hur mycket mer ska då inte de som tar emot den överflödande nåden och rättfärdighetens gåva få regera i liv genom den ende, Jesus Kristus? Alltså: liksom en endas fall ledde till fördömelse för alla människor, så har en endas rättfärdighet lett till ett frikännande, till liv för alla människor. Liksom de många stod som syndare genom en enda människas olydnad, så ska också de många stå som rättfärdiga genom den endes lydnad.[138]

Paulus talar i kontexten om följderna av den första människans synd. Till följd av Adams syndafall har alla människor kommit under syndens och dödens makt. Alla människor är ättlingar till Adam och vi har alla drabbats av konsekvenserna av hans synd. Ingen av oss är helt fri från synd, utan vi är alla dömda till döden. Det står ju att "en endas fall ledde till fördömelse för alla människor." Vi måste tro som det står och därför kan slutsatsen dras att precis alla människor är i behov av en frälsare. Inte ens små barn skulle bli frälsta, om inte Jesus på korset hade omintetgjort konsekvenserna av syndafallet. Gud utlovade dock redan på syndafallets dag att en Frälsare skulle komma i framtiden, som skulle krossa ormens (alltså djävulens) huvud.[139] Syndens lön är döden och alla människor har syndat och saknar Guds härlighet.[140] Därför kom Jesus, som var utan synd, för att lida döden i det syndiga människosläktets ställe och göra det möjligt för alla att bli

---

138 Rom. 5:17ff.
139 1 Mos. 3:15.
140 Rom. 6:23; 3:23.

frälsta. Han smakade döden i allas ställe.[141] Därför är ingen människa på väg mot fördömelsen från födseln, utan det är senare, genom medvetna synder, som vi går in genom den vida porten och börjar vandra på den breda vägen till fördärvet.[142]

Notera också hur begreppen "de många" och "alla människor" i denna text används som synonyma begrepp. De betyder alltså samma sak. Det finns kalvinister som menar att "de många" inte behöver betyda alla människor, till exempel då Jesus sa att han kommit för att "ge sitt liv till lösen för många."[143] De menar att Jesus bara syftar på de utvalda då han sa att han kommit för att ge sitt liv till lösen för många. Av texten i Romarbrevet 5 är det dock uppenbart att "alla människor" och "de många" betyder samma sak. Alla människor, inte bara de utvalda, blev syndare till följd av Adams fall. "De många" stod som syndare till följd av en endas olydnad, inte bara de utvalda. Likaså har en enda mans rättfärdighet, alltså Jesu rättfärdighet, lett till frikännande och liv för alla människor. "De många," det vill säga alla människor, ska stå som rättfärdiga till följd av Jesu lydnad. Det är alltså solklart att detta skriftställe lär att alla människor kan bli frälsta tack vare Jesu försoningsverk på korset. Paulus lär dock inte att alla människor automatiskt blir frälsta, utan att det är "de som tar emot den överflödande nåden och rättfärdighetens gåva," som får del av frälsningen. Alla kan bli frälsta, men det är bara de som tar emot frälsningens gåva som får del av den. Detta talar starkt emot kalvinismens lära om ovillkorlig utkorelse till frälsning.

Vi har alltså skyldigheter, bröder, men inte mot vår köttsliga natur så att vi ska leva efter köttet. Om ni lever efter köttet kommer ni att

---

141 Hebr. 2:9.
142 Matt. 7:13.
143 Matt. 20:28; Mk. 10:45.

dö. Men om ni genom Anden dödar kroppens gärningar kommer ni att leva.[144]

Dessa förmanade ord skriver Paulus till de kristna i Rom, men dess sanningar gäller förstås alla kristna i alla tider. Pånyttfödda kristna har, genom tron på Jesus Kristus, blivit frigjorda från den makt som synden hade över dem. Alla människor är slavar under allehanda syndiga begär och vi saknar förmågan att uppnå det mått av lydnad som Gud i sin lag kräver för att vi ska räknas som rättfärdiga inför honom. Alla kristna har emellertid, genom Jesu verk på korset, satts fria från syndens makt, och mottagit den helige Andes gåva. Därför är pånyttfödda kristna i stånd att, då de vandrar i Anden, leva enligt lagens rättfärdiga krav.[145]

Även pånyttfödda kristna har dock kvar förmågan att på nytt börja leva i synd, om man börjar ge efter för köttets syndiga begär och impulser. Paulus lär att kristna som på nytt börjar leva efter köttet, det vill säga leva i medveten olydnad mot Guds bud, kommer att dö. Med detta menar han onekligen andlig död, eftersom även alla kristna dör kroppsligen (såvida man inte är vid liv vid Jesu återkomst). Som kristen har man en kamp att utkämpa mot köttets syndiga begär. Vi måste kämpa trons goda kamp, säga nej till alla frestelser till synd och fylla oss med Anden, som kan ge oss all kraft vi behöver för att leva i helgelse, så att vi får ärva det eviga livet. Men, om vi inte samarbetar med Gud i vår helgelse, utan börjar leva i synd eller sträva efter att leva rättfärdigt oberoende av Guds Ande, kommer vi att misslyckas och dö andligen.[146] Detta talar givetvis emot kalvinismens lära att alla pånyttfödda kristna helt säkert kommer att bli bevarade i tro och helgelse och ärva det eviga livet.

---

144 Rom. 8:12f.
145 Rom. 8:3f.
146 Se även Gal. 6:7f.

Men se till att den frihet ni fått inte blir till fall för de svaga. För om någon får se hur du som har kunskap ligger till bords i ett avgudatempel, blir inte då den som har ett svagt samvete uppmuntrad till att äta av köttet från avgudaoffren? Genom din kunskap går då den svage förlorad, din broder som Kristus har dött för. När ni på så sätt syndar mot bröderna och sårar deras svaga samveten, då syndar ni mot Kristus. Alltså: om maten blir till fall för min broder tänker jag aldrig mer äta kött, så att jag inte blir orsak till min broders fall.[147]

Paulus behandlar i kontexten frågan om att äta kött offrat till avgudar. Han har förklarat att detta inte i sig räknas som synd inför Gud, eftersom det egentligen inte finns någon annan gud än den sanne Guden. Alla kristna hade emellertid inte samma förståelse vid den här tiden, utan menade att det är synd att äta kött som varit involverat i avgudaoffer. Om man förledde sådana kristna att äta kött från avgudaoffer, skulle man bli medskyldig till att de syndade mot sitt samvete. Paulus skriver på ett annat ställe att allt som inte görs i tro är synd.[148] Om någon tror att något är synd, men ändå gör det, räknas det som synd, eftersom personen inte handlade i tro och med ett rent samvete. I vår tid skulle denna undervisning kunna tillämpas på frågan om man som kristen kan äta halalkött. Muslimer ber nämligen en bön till Allah i samband med slakten. Om någon anser att det är synd, kan den personen inte äta sådant kött. Som kristen måste man respektera andras övertygelse och inte fresta någon att göra något som denne räknar som synd.

Notera Paulus starka ord om en kristen som äter kött från avgudaoffer, mot sitt samvete; han går förlorad! Han kan inte mena att personen omedelbart går förlorad, men om man börjar praktisera något som man inte är övertygad om är rätt, lever man i synd och

---

147 1 Kor. 8:9–13.
148 Rom. 14:23.

riskerar att gå förlorad, om man inte vänder om. Man måste upphöra med allt som man inte är övertygad om är rätt att göra, så länge man inte är säker på om dessa saker är synd eller inte. Återigen lär alltså Paulus att vi kan bli orsak till att andra går förlorade, trots att Jesus dött för dem och de är kristna. Detta strider emot kalvinismens lära om evig säkerhet för alla dem som Kristus lidit döden för.

Om vårt evangelium är dolt, så är det dolt för dem som går förlorade. Den här världens gud har förblindat de otroendes sinnen så att de inte ser ljuset som strålar från evangeliet om Kristi härlighet, han som är Guds avbild.[149]

Denna text saknar verklig mening, om kalvinismen vore sann. Varför? Jo, eftersom det inte finns något som helst behov för Satan att förblinda människors sinnen, om de är födda blinda och saknar förmåga att kunna tro på evangeliet. Varför förblinda någon som redan är blind? Om kalvinismen är sann, är Satan i princip bara en nickedocka i Guds hand, som förhindrar de som Gud inte har utvalt till frälsning från att tro evangeliet. Vad är poängen med det? De kan ju ändå inte tro evangeliet! Paulus hade av Herren Jesus fått uppdraget att öppna hedningarnas ögon, så att de vände sig från mörkret till ljuset och från Satans makt till Gud.[150] Detta skulle han göra genom förkunnelsen av evangeliet. "Hedningarna" betyder inte bara utvalda människor, utan alla människor som inte är judar. Gud ville alltså att alla människors ögon skulle öppnas, så att de skulle komma till tro och befrias från Satans makt.

Kristi kärlek driver oss, för vi är övertygade om att en har dött för alla, och därför har alla dött. ... Gud var i Kristus och försonade världen med sig själv. Han tillräknade inte människorna deras

---

149 2 Kor. 4:3f.
150 Apg. 26:17f.

*överträdelser, och han har anförtrott oss försoningens ord. Vi är
alltså sändebud för Kristus, och Gud vädjar genom oss. Vi ber på
Kristi uppdrag: låt försona er med Gud! Han som inte visste av
synd, honom gjorde Gud till synd i vårt ställe, för att vi i honom
skulle bli rättfärdiga inför Gud.*

Paulus var verkligen oerhört driven av Guds kärlek till alla
förlorade människor. Därför var han en mycket aktiv missionär som
förkunnade evangeliet varhelst han kom. Han predikade evangeliet
frimodigt, eftersom han visste att Jesus verkligen hade lidit döden
för alla människor och att alla därför kunde bli frälsta. Han behövde
inte fundera över om Gud hade utvalt dem han predikade för eller
inte. Alla kunde bli en del av Guds utvalda folk, om de gensvarade
på evangeliets budskap i tro. Så är givetvis fallet också idag.[151] Från
Guds sida är försoningen fullbordad. Dörren står öppen för precis
alla människor att bli renade från sina synder genom Lammets blod.
Varje människa behöver emellertid låta sig försonas med Gud, det
vill säga vända om från alla sina synder och ta emot den rening från
all synd som Gud erbjuder genom Jesus. Om vi inte tar emot den
stora frälsning som Gud erbjuder oss, måste vi ta konsekvenserna
av detta. Guds vrede vilar över alla som inte omvänder sig och tror
evangeliet![152]

*Gud ville visa dem vilken rik härlighet denna hemlighet är bland
hedningarna: Kristus i er, härlighetens hopp. Honom predikar vi
genom att förmana varje människa och undervisa varje människa
med all vishet, för att föra fram varje människa som fullkomlig i
Kristus.*[153]

Vi har redan sett att Paulus lärde att Jesus har lidit döden på korset
för alla människor, utan undantag. Samma kategori människor som

---

151 2 Kor. 6:2.
152 Joh. 3:36.
153 Kol. 1:27f.

blev fördömda till följd av den första människans synd, alltså hela mänskligheten, kan få del av Kristi rättfärdighet till liv, eftersom han dött och uppstått för dem.[154] Paulus inte bara lärde detta, utan levde verkligen i enlighet med denna sanning. Därför skriver han i Kolosserbrevet att han förmanar "varje människa och" undervisar "varje människa… för att föra fram varje människa som fullkomlig i Kristus." Paulus strävade efter att nå ut med evangeliet till alla människor, eftersom alla människor kan bli frälsta från sina synder genom Jesus Kristus. Han var förmodligen den mest aktive av alla missionärer under hela kyrkans historia, till skillnad från, bland annat de män som gav upphov till läran om predestination av alla människor till frälsning eller förtappelse, såsom Augustinus och Calvin.

I Aten predikade Paulus bland annat detta: "Gud har länge haft överseende med okunnighetens tider, men nu befaller han alla människor överallt att omvända sig."[155] För att man ska få del av frälsningen genom Jesus, är det nödvändigt att man omvänder sig från alla sina synder och låter Jesus bli Herre i ens liv. Notera att Gud, genom Paulus, riktar denna maning till omvändelse till "alla människor överallt."[156] Guds uppriktiga vilja är att alla människor ska omvända sig och få del av det eviga livet genom tron på Jesus. Som Guds utvalda redskap för att föra evangeliet till hedningarna, arbetade Paulus outtröttligt, och förde väldigt många människor till rättfärdighet. Evangeliets spridning över jorden främjas i hög grad av att dess förkunnare verkligen tror på sanningen att Gud inte gläder sig över någon syndares död.[157]

---

154 Rom. 5:18.
155 Apg. 17:30.
156 Jämför Matt. 22:8ff.
157 Detta innebär emellertid inte att Gud inte har använt kalvinister för att sprida evangeliet till många människor, både i historien och i modern tid.

Först av allt uppmanar jag till bön, åkallan, förbön och tacksägelse för alla människor, för kungar och alla i ledande ställning, så att vi kan leva ett lugnt och stilla liv, på alla sätt gudfruktigt och värdigt. Detta är gott och rätt inför Gud, vår Frälsare, som vill att alla människor ska bli frälsta och komma till insikt om sanningen. Gud är en, och en är medlare mellan Gud och människor: människan Kristus Jesus, som gav sig själv till lösen för alla.[158]

Detta är ett av de bibelställen som allra tydligast uppenbarar att Gud verkligen vill alla människors frälsning, och att Jesus lidit döden till lösen för alla människors synder. Paulus uppmanar oss också att be för alla människor, däribland kungar och andra som innehar maktpositioner. Detta för att fred och ordning ska få råda över jorden, vilket underlättar livet för Guds folk och spridningen av evangeliet.

Det är inte möjligt att förvrida det klara budskapet i denna bibeltext och få det till att Gud egentligen inte vill att alla människor ska bli frälsta, utan bara de utvalda. Lite senare i samma bibelbok får vi ytterligare klarhet angående varför inte alla människor blir frälsta, trots att Gud vill att alla ska bli frälsta: "Det är därför vi arbetar och kämpar, för vi har satt vårt hopp till den levande Guden som är Frälsaren för alla människor, först och främst för dem som tror."[159] Gud är verkligen alla människors frälsare![160] Varför blir då inte alla frälsta? Jo, för att de inte tror. Det är därför Paulus skriver att Gud först och främst är Frälsare för dem som tror. Endast de som tror får del av frälsningen, eftersom Gud vill att människor ska ta emot sanningen av fri vilja. Gud vill inte spendera evigheten med människor som förkastar hans stora frälsningsverk, utan med dem

---

158 1 Tim. 2:1-6a.
159 1 Tim. 4:10.
160 Denna vers bevisar också att Jesus är Gud, eftersom det sägs att Gud är allas frälsare.

som verkligen tror och gensvarar på hans kärlek genom att följa Jesus i sina liv.

Guds nåd har uppenbarats till frälsning för alla människor.[161]

Denna vers är inte heller svår att förstå, bara vi tror som det står och inte låter oss påverkas av ett av människor utarbetat teologiskt system. Vi har redan konstaterat att Jesus är alla människors Frälsare, eftersom han har lidit döden till lösen för alla. Guds nåd till frälsning från all synd finns tillgänglig för precis varenda människa, och alla som omvänder sig och tar emot frälsningen, får bli del av Guds utvalda folk. Versen kan visserligen även översättas på följande sätt: "För Guds nåd som ger frälsning har uppenbarats för alla människor."[162] Vissa kalvinister kan vilja påpeka att det därför inte är säkert att den nåd från Gud som ger frälsning verkligen gäller för alla människor att ta emot, utan bara att budskapet om denna frälsning är uppenbarad för alla människor. De får alltså möjlighet att höra evangeliet, men alla kan inte få del av det genom att komma till tro och bli frälsta. Detta är emellertid en distinktion som inte är hållbar i ljuset av många andra bibelställen, som vi redan har sett. Anledningen till att Guds nåd har uppenbarats för alla människor är naturligtvis eftersom Gud vill att alla människor ska ta emot hans erbjudande om frälsning genom Lammets blod.

På samma sätt ska ni hustrur underordna er era män, så att även de män som inte vill tro på ordet kan vinnas utan ord genom sina hustrurs liv, när de ser hur gudfruktigt och rent ni lever.[163]

Här talar Aposteln Petrus om hur kristna kvinnor ska leva tillsammans med sina ofrälsta män. På samma sätt som slavar, som

---

161 Tit. 2:11.
162 Svenska Reformationsbibeln 2016.
163 1 Petr. 3:1f.

Petrus gett instruktionen att underordna sig sina herrar, inte bara om de är goda och milda, utan även om de är hårda och orättvisa,[164] är kristna kvinnor kallade att underordna sig sina män. Detta gäller även om dessa inte är kristna och behandlar dem hårt och kärlekslöst. Petrus har tidigare i brevet skrivit om de kristna i allmänhet och förklarat att de är kallade att uppföra sig väl bland hedningarna, för att dessa ska bli mer mottagliga för evangeliet då Gud kallar dem till omvändelse.[165] På liknande sätt är specifikt kristna kvinnor, som lever i äktenskap med ofrälsta män, kallade att visa dem kärlek och respekt och underordna sig dem i allt, så länge de inte begär av dem att göra något som strider mot Guds bud. En viktig anledning till att kristna kvinnor ska handla så i sådana situationer är att Gud vill föra även deras män till tro och omvändelse. Om männen inte är mottagliga för att höra Guds ord, kan de bli vunna när de ser hur gott och kärleksfullt deras hustrur lever, trots att de själva inte behandlar dem väl. Petrus trodde uppenbarligen inte att det är förutbestämt vilka som ska få bli frälsta, utan lärde att vi kristna verkligen kan bidra till att fler kommer till tro på Jesus, om vi är goda vittnen för honom genom de liv vi lever inför dem som inte tror.

Men det fanns också falska profeter bland folket, liksom det även bland er kommer att finnas falska lärare som smyger in förödande irrläror. De ska förneka den Herre som har friköpt dem och dra plötsligt fördärv över sig. Många ska följa dem i deras lössläppthet, och för deras skull kommer sanningens väg att bli hånad. I sin girighet kommer de att utnyttja er med hjälp av falska argument. Men domen över dem är verksam sedan länge, och deras undergång sover inte.[166]

---

164 1 Petr. 2:18.
165 1 Petr. 2:12.
166 2 Petr. 2:1ff.

74

Här skriver Petrus uppenbarligen om falska lärare, som går förlorade till följd av att de lever i synd och leder andra in på den breda vägen till förtappelsen. Trots att dessa uppenbarligen inte tillhör de utvalda som blir frälsta till slut, skriver Petrus att de förnekar "den Herre som har friköpt dem." Vad betyder det om kalvinismens lära om begränsad försoning stämmer? Samma verb används i Upp. 5:9, där de saliga i Himlen sjunger lovsång till Lammet, eftersom han med sitt blod "friköpt oss åt Gud." Även de falska lärarna, som går förlorade, var alltså friköpta från sina synder och kunde ha blivit frälsta. De valde emellertid att förneka sin Herre och Frälsare genom att leva i synd. Om man på så sätt visar ett sådant oerhört förakt för Herrens lidande för våra synders skull, får man inte mer del av reningen från sina synder, utan kommer att drabbas av Guds vredesdom.[167] Detta är förstås helt i strid med den kalvinistiska läran om begränsad försoning.

Herren dröjer inte med att uppfylla sitt löfte, så som en del menar. Nej, han har tålamod med er, eftersom han inte vill att någon ska gå förlorad utan att alla ska få tid att omvända sig.[168]

I kontexten skriver Petrus om varför Jesus ännu inte har kommit tillbaka. Otroende människor hade börjat håna de kristna för deras tro på löftet att Jesus skulle komma tillbaka. Nu förklarar Petrus hur det kommer sig att Herren ännu inte kommit. Jesus kommer ju vid sin återkomst att döma världen, men han vill inte "att någon ska gå förlorad utan att alla ska få tid att omvända sig." Utifrån kontexten, som talar om både kristna och otroende,[169] är det troligast att Petrus verkligen menar att Guds vilja är att precis alla människor ska komma till omvändelse, för att inte gå förlorade. Detta strider naturligtvis mot kalvinismens teologi.

---

167 Hebr. 10:26f.
168 2 Petr. 3:9. Ordet "tid "finns inte med i grundtexten.
169 2 Petr. 3:3ff.

Även om det skulle vara så att Petrus bara syftar på att Gud vill att ingen av de troende ska gå förlorad, vilket är mindre troligt, stödjer versen ändå inte kalvinismen. Enligt kalvinismen kan ju ingen av Guds utvalda avfalla från tron till den grad att de dör i sina synder och går förlorade. Om någon som tror avfaller innebär det att personen aldrig var utvald och riktigt frälst överhuvudtaget. Petrus har emellertid övertygelsen att alla han skriver brevet till är frälsta. I brevets inledning framkommer det nämligen att han skriver till sådana "som genom rättfärdigheten från vår Gud och Frälsare Jesus Kristus har fått samma dyrbara tro som vi."[170] De som Petrus riktar brevet till är alltså frälsta. Trots detta varnar han för risken att de "dras med i de laglösas villfarelse,"[171] vilket innebär att man går förlorad.[172] Gud vill emellertid inte att någon av dem ska gå förlorad, utan komma till omvändelse från all form av laglöshet. Detta tyder onekligen på att det verkligen finns en verklig risk även för pånyttfödda kristna att avfalla från tron och gå förlorade. Om kalvinismen är sann, finns det emellertid ingen som helst risk att någon enda av Guds utvalda går förlorad. Alla varningar till kristna i Guds ord saknar i så fall betydelse, vilket är en befängd tanke.

Mina barn, detta skriver jag till er för att ni inte ska synda. Men om någon syndar, har vi en som för vår talan inför Fadern: Jesus Kristus, den rättfärdige. Han är försoningen för våra synder, och inte bara för våra utan också för hela världens.[173]

Jesu dyra lidande och död för våra synders skull är något vi alla måste ha största respekt och vördnad för. Han, som är helig och hatar all synd, bar våra synder på korsets trä. Vi får aldrig synda på nåden, vilket vi heller inte vill om vi älskar honom och håller hans

---

170 2 Petr. 1:1.
171 2 Petr. 3:17.
172 2 Petr. 2:20ff.
173 1 Joh. 2:1f.

död för våra synder högt. Men, om vi faller i synd, och bekänner vår synd inför Gud, får vi motta fortsatt rening från våra synder genom Jesu blod. Nu kommer vi till den sanning som är problematisk för kalvinister att förklara. Jesus är inte bara försoningen för de troendes synder, utan "för hela världens." Är det möjligt att världen i detta sammanhang inte syftar på alla människor, utan bara på de utvalda, som är utspridda över hela världen? Senare i samma brev skriver Johannes att "Fadern har sänt sin Son som världens frälsare."[174] Vilka tillhör världen? Bara de utvalda? Nej, Johannes använder ofta ordet "världen" för att beskriva de onda människorna, som är i den ondes våld.[175] Han kallar också okristna människor, som hatar de kristna, för "världen."[176] Därför är det mycket troligt att Johannes verkligen menar alla människor, även de okristna, då han skriver att Jesus är försoningen för hela världens synder.

Och Anden och bruden säger: "Kom!" Och den som hör det ska säga: "Kom!" Och den som törstar ska komma, och den som vill ska fritt få ta emot livets vatten.[177]

Detta är en fantastisk inbjudan som vi har alldeles i slutet av Bibeln. Anden och bruden, det vill säga Guds folk, inbjuder alla människor att komma och ta emot livets vatten helt gratis. Den som gensvarar på inbjudan uppmanas att vara med och kalla fler personer att komma och ta emot livets vatten. Frälsningen från synden och det eviga livets gåva kan ingen människa förtjäna, utan alla är syndare i behov av Guds barmhärtighet och förlåtelse för sina synder. Jesus har dock inte kommit för att kalla rättfärdiga till omvändelse, utan syndare.[178] Detta innebär att han har kommit för att frälsa alla som

---

174 1 Joh. 4:14.
175 1 Joh. 5:19.
176 1 Joh. 3:1,13.
177 Upp. 22:17.
178 Luk. 5:32.

törstar efter livets vatten. Dessa människor är ödmjuka inför Gud, ångrar uppriktigt sina synder och längtar efter frälsning från dem. Alla sådana människor får lov att ta emot livets vatten helt gratis! Notera också att versen uttryckligen lär att "den som vill" får ta emot livets vatten. Livets vatten finns att hämta för var och en som vill och vänder om från sina synder. De enda som utestängs från frälsningen är alltså människor som inte vill ta emot frälsningen, och/eller som föraktar det stora frälsningsverk som Jesus utfört, genom att börja leva i synd efter pånyttfödelsen.[179]

Kapitel 3 – Guds karaktär

En av frågorna denna bok har som syfte att besvara är huruvida kalvinismen bör räknas som en villolära eller inte? Vem har då auktoritet att avgöra om något är en villolära? Ingen människa har den auktoriteten, utan endast Gud själv. I sitt ord har Gud uppenbarat sanningen om sin karaktär och vilket värde varje människa har.[180] Gud själv säger uttryckligen att han inte vill att den ogudaktige ska dö i sina synder, utan vända om från sin onda väg och få leva.[181] Bibeln lär att Jesus utgör en perfekt avbild av Gud och att han i sin egen person visar hurdan Gud är.[182] Jesus sa själv att den som ser honom ser Fadern.[183] Ytterst sett handlar Bibeln om en person, nämligen Jesus.[184] Därför måste den rätta läran om Gud återspegla Jesu egen karaktär. Av denna anledning är frågan om huruvida kalvinismen utgör en villfarelse eller inte, knuten till frågan om den ger en riktig bild av Guds karaktär, sådan

---

179 Hebr. 2:1ff; 10:26-29.
180 1 Mos. 9:6; Matt. 12:12; Jak. 3:9 m.fl.
181 Hes. 18:23.
182 Joh. 1:18; Kol. 1:15; Hebr. 1:3.
183 Joh. 14:9.
184 Luk. 24:27; Joh. 5:39.

78

den uppenbarats genom Jesus Kristus. För att tro på och följa den ende sanne Guden, behöver vi veta vad Bibeln i sin helhet lär om Gud, med utgångspunkt i evangeliernas skildring av Jesu gärningar, undervisning, död och uppståndelse.

De böcker i Bibeln som mest ingående beskriver Jesu person, och den uppenbarelse om Gud som vi har fått genom honom, är förstås de fyra evangelierna. Dessa böcker bör därför också räknas som de viktigaste böckerna i Skriften.[185] Vad uppenbarar då evangelierna om Jesu och Faderns karaktär, och om Guds kärlek till oss människor? Låt oss se närmare på några centrala texter.

Bergspredikan

Kapitlen 5–7 i Matteus utgör Jesu berömda Bergspredikan. Den har mycket att säga om Guds kärlek till alla människor, eftersom den i detalj uppenbarar hur Gud verkligen vill att vi människor ska behandla varandra. Dess bud är ännu mer krävande än de tio budorden som Mose tog emot på berget Sinai.[186] Gud är själv kärlek[187] och han vill att alla människor ska ge och ta emot kärlek av varandra. Bergspredikan uppenbarar vad det innebär att verkligen vara en lärjunge till Jesus och leva som jordens salt och världens ljus.[188]

En nyckelvers är Matt. 5:48. Här säger Jesus att de som följer honom ska vara fullkomliga, på samma sätt som Fadern är fullkomlig. Detta innebär inte att Jesus kräver fullständig syndfrihet ifrån sina lärjungar för att de ska få vara och förbli Guds barn. I verserna precis före förklarar nämligen Jesus att de som älskar sina fiender, och gör det som är gott mot människor som inte förtjänar

---

185 Detta innebär absolut inte att inte även alla andra böcker i Bibeln är Guds inspirerade ord, men vi bör förstå de övriga böckerna i ljuset av evangelierna.
186 2 Mos. 20:1–17.
187 1 Joh. 4:8.
188 Matt. 5:13ff.

det, är Faderns barn. Det är på så sätt vi ska vara fullkomliga, liksom Fadern är fullkomlig. Gud är ju god och barmhärtig mot sina fiender. Vilka är då Guds fiender? Svaret är: alla människor! Alla människor har syndat mot Gud genom att bryta mot hans lag.[189] Synden skiljer oss från Gud och den gör oss till hans fiender.[190] Ingen förtjänar Guds barmhärtighet, utan istället hans vrede och dom. En viktig vers som också hjälper oss att förstå vad Jesus egentligen menar med Matt. 5:48 är Luk. 6:36, vilken ingår i Jesu så kallade Slättpredikan.[191] Denna predikan har mycket gemensamt med Bergspredikan. I Luk. 6:36 formulerar Jesus sig på ungefär samma sätt som i Matt. 5:48, bortsett från att han använder ordet "barmhärtig" istället för "fullkomlig." Fadern är alltså barmhärtig i sin karaktär och vill alltid ge nåd åt var och en som uppriktigt ångrar sina synder och ber honom om förlåtelse, oavsett hur stor en persons syndaskuld är.[192] De som har blivit Guds barn ska vara Guds efterföljare,[193] genom att bemöta alla andra människor med kärlek och barmhärtighet.[194] Jesus sa dessutom att det är de som är barmhärtiga och förlåter andra som kommer att få barmhärtighet och förlåtelse av Gud.[195]

Kalvinismen förnekar Guds barmhärtiga karaktär gentemot alla sina fiender, och dess förespråkare menar att Gud inte vill ge alla människor frälsning genom sin Sons offer på korset för mänsklighetens synd. Bibeln, däremot, säger uttryckligen att Gud vill att alla människor ska komma till insikt om sanningen och bli frälsta genom att tro på Jesus Kristus.[196] Kalvinismens läror utgör

---

189 1 Joh. 3:4.
190 Jes. 53:6; Rom. 3:23; 5:8–10.
191 Luk. 6:17-49.
192 Ps. 32:1–5; 103:8ff; 130:3f; 145:8ff; Joel 2:12f; Matt. 18:23ff.
193 Ef. 5:1f.
194 Hos. 6:6; Matt. 23:23; Luk. 10:30-37; Rom. 12:17ff.
195 Matt. 5:7; Luk. 6:14f.
196 1 Tim. 2:3ff: 4:10.

därför ett allvarligt angrepp på Guds barmhärtiga och opartiska karaktär. Gud gör inte skillnad på människor genom att utesluta somliga från frälsningen,[197] utan Gud ger sin nåd åt var och en som fruktar honom, ödmjukar sig, uppriktigt ångrar alla sina synder och av hjärtat tror att Jesus dog och uppstod för att försona hennes synder och ge henne evigt liv. [198] Om kalvinismen hade varit sann skulle Gud ha varit en bedragare, eftersom han genom sina tjänare ger sken av att ge människor en äkta inbjudan att omvända sig och bli försonade med sig genom Jesus Kristus.[199] Bakom kulisserna har han dock redan bestämt att majoriteten av dem som får erbjudande om frälsningen inte ska få del av den och därför ger han dem inte gåvan att kunna tro evangeliet.

En annan nyckelvers i Bergspredikan är Matt. 6:10. Den utgör en del av Herrens bön och uppenbarar två viktiga saker som Jesu efterföljare dagligen ska be – att Guds rike ska komma och att hans vilja ska ske på såväl jorden som i himlen. Vad kan vi då dra för slutsatser om Guds rike och hans vilja av denna vers? Guds rikes utbredande och hans viljas verkställande är nära sammankopplade. Guds rike utgör den del av jorden och himlen i vilken hans vilja sker.[200] Alla änglar och människor, som lyder Gud och gör hans vilja, ingår i Guds rike. Jesus lär att Guds rike är i dem som följer honom.[201] Andra ställen i Skriften uppenbarar att det råder ett krig i andevärlden mellan Guds rike och satans rike, det vill säga världen, som befinner sig i uppror mot Guds vilja.[202] De som genom

---

197 Apg. 10:34; Rom. 2:11; Ef. 6:9.
198 Ps. 34:19,23; Jes. 57:15; Luk. 15:7,10; 18:9–14; Rom. 4:23ff; 10:9–13; Gal. 3:26f m.fl.
199 Apg. 2:38ff; 3:17ff; 17:30f; 26:15ff, m.fl.
200 Rom. 14:17.
201 Luk. 17:20f.
202 Joh. 15:18ff; 17:14ff; Ef. 6:10ff; 1 Joh. 5:4,19 m.fl.

tron på Jesus Kristus har fått frid med Gud, genom hans Sons död, har förts ut ur satans rike och kommit in i Guds rike.[203]

Vad är det då som är Guds vilja? Jo, att alla människor ska komma till insikt om sanningen och bli medborgare i hans älskade Sons rike. Gud vill att de som lever i synd och meningslöshet ska bli omvända och underordna sig hans Son, som är den smorde Kungen över Guds rike. Därför har han gett befallningen att predika evangeliet för hela skapelsen och göra alla folk till Jesu lärjungar.[204] Lär Bibeln att Guds vilja alltid sker? Nej, istället lär den att alla människor, av fri vilja, kan förkasta Guds erbjudande om frälsning och medborgarskap i hans Sons rike. Kalvinister lär dock att de människor som Gud förutbestämt ska bli frälsta omöjligen kan motstå Guds kallelse till omvändelse, eftersom Gud i sin suveränitet gör dem villiga att tro och omvända sig, i samband med att de får höra evangeliet. De, däremot, som Gud förutbestämt inte ska bli frälsta, låter han förbli i ett tillstånd av andlig död, utan att ge dem den särskilda nåd de hade behövt få ifrån honom för att kunna omvända sig och tro evangeliet. Enligt kalvinister sker alltid Guds vilja, eftersom människor inte med sin vilja kan stå emot den. Låt oss nu se om denna lära är i enlighet med Guds ord.

Bibeln lär att det är den tredje personen i Gudomen, det vill säga den helige Ande som har uppgiften att överbevisa världen om synd, rättfärdighet och dom.[205] Anden använder sig av Guds lag, särskilt de tio budorden, för att överbevisa människor om deras synder i form av otro och olydnad av Guds bud.[206] Notera att Anden inte bara har till uppgift att överbevisa de utvalda om synd och otro, i syfte att föra dem till omvändelse, utan det är hela världen Gud vill

---

203 Kol. 1:13,19ff.
204 Mark. 16:15; Matt. Matt. 24:14; 28:19.
205 Joh. 16:7ff.
206 Rom. 3:19f; 7:7ff.

överbevisa om synd och föra till omvändelse. Världen utgör som sagt alla människor, som genom sina synder lever i uppror mot Gud och därmed blivit satans tjänare. Guds Son har kommit för att, genom sitt offer för världens synder, befria alla ur djävulens våld.[207]

Genom offret av sig själv har Jesus gjort det möjligt för alla människor att bli renade från sina synder och få en nära relation med Gud Fadern själv.[208] Bibeln gör det klart att den enda anledningen till att många människor inte blir frälsta genom Jesu försoningsverk på korset, är att de flesta tyvärr står emot Guds kallelse till omvändelse. Hela Skriften är full av exempel på människor som förhärdade sina hjärtan och vägrade gensvara på Guds försök att föra dem till omvändelse.[209] Samtidigt innehåller den också många exempel på människor som av fri vilja ödmjukade sig och vände om.[210] Om man tror att kalvinismen är sann, kan man inte förstå sådana bibelställen bokstavligen. Istället är det nödvändigt att man omtolkar dem genom att läsa in föreställningen att det var Gud som övernaturligt grep in och förändrade sinnelaget på de som kom till omvändelse. Annars skulle de omöjligen ha kunnat omvända sig. De, däremot, som i olika bibelpassager inte omvände sig, gjorde bara det alla människor i sitt andligt döda tillstånd automatiskt gör - står emot Guds ord. Det finns emellertid ingenting i texterna som tyder på att så var fallet.

---

207 Mark. 3:23ff, Joh. 3:16; Hebr. 2:9–18; 1 Joh. 2:2; 3:5,8.

208 Joh. 1:29; 1 Tim. 2:5f; Hebr. 10:19ff.

209 Se exempelvis 1 Mos. 4:6ff; 4 Mos. 14:11,18–23; 5 Mos. 8:2–6,19f; 9:6; Jos. 24:19f; Dom. 2:1–3; 1 Sam. 3:10-14; 15:22f; Ps. 7:10ff; 81:9–14; Ords. 1:22-32; Jes. 5:1–7; 63:10; Jer. 8:4–9; 11:7f; 13:10f; 18:9–12; Mal. 4:1; Matt. 11:20-24; 23:37; Luk. 7:29f; Joh. 12:48; Apg. 7:51; 13:46; Rom. 2:4ff; Upp. 2:20-23.

210 Se exempelvis 1 Sam. 7:2ff; 2 Sam. 12:7–13; 1 Kung. 21:17-29; 2 Kung. 22:18-20; 2 Krön. 33:10–16; Esra 10:10-12; Jona 3; Matt. 9:9–13; 12:38ff; 21:31f; Luk. 7:29; 19:1–10; Apg. 2:37-41; 26:19f; Rom. 6:17; 1 Petr. 1:22.

Många bibelställen beskriver dessutom hur Gud blir starkt känslomässigt berörd då människor står emot honom. Gud blir ofta vred och upprörd över människors synder och ovilja att omvända sig till honom.[211] Han uttrycker på en del ställen djup frustration och till och med förvåning över hur långt människor har gått i sin förhärdelse, och i att begå fruktansvärda synder.[212] Alla sådana bibelställen måste omtolkas helt i den kalvinistiska teologin. Kalvinister kan inte förstå sådana bibelord bokstavligen eftersom de då skulle strida mot deras läror. Gud kan ju inte på riktigt bli upprörd över människors synd och ovilja att omvända sig, eftersom det är han själv som bestämt att de inte ska kunna komma till omvändelse! Än mindre kan han bli förvånad och frustrerad över hur hårda hjärtan många har. Det är ju han själv som bestämt att de inte ska ändra sinnelag.

De som istället läser Bibeln utan påverkan av den kalvinistiska teologin, kan läsa alla verser som talar om Guds frustration och bedrövelse över människors synd och förhärdelse bokstavligen. Bibelns klara budskap är att Guds vilja inte alltid sker, eftersom människor står emot hans vilja. Människan skapades till Guds avbild, vilket bland annat innebär att vi har fri vilja.[213] Därmed kan vi också välja att göra Guds vilja eller att stå emot den.[214]

De sista verserna i Bergspredikan, som vi ska utgå ifrån för att förstå Guds karaktär, är Matt. 6:14-15. I dessa verser formulerar sig Jesus så klart att minsta barn borde förstå vad han menar. Många teologer har dock svårt att smälta vad han säger. Jesu budskap är att

---

211 2 Mos. 32:1–10; 4 Mos. 11:1ff; 32:9–13; Jos. 7:1; Dom. 2:11-14; 3:7f; Jer. 25:3–7; 32:30; Sef. 3:7f; Mark. 3:4f; Joh. 3:36; Rom. 1:18; 2:4ff; Ef. 4:30; 2 Thess. 1:6ff; Hebr. 3:7–11; Upp. 14:9f.
212 Exempelvis 1 Mos. 6:5f; Jes. 5:1–7; Jer. 7:30f; 32:33ff; Mark. 6:4–6.
213 5 Mos. 1:39; Rom. 2:14f.
214 5 Mos. 30:19f; Jos. 24:15; Dom. 7:2–4; Pred. 7:30; Jes. 7:15; Luk. 6:46-49 m.fl.

alla de som vill få förlåtelse av Fadern för sina synder, är skyldiga att förlåta andra som syndat mot dem. Notera att man ska förlåta alla människor, inte bara de utvalda. Gör man inte det kommer inte Fadern förlåta ens egna synder. I liknelsen om den obarmhärtige tjänaren illustrerar Jesus vad detta verkligen innebär.[215] Var och en av oss, som än gång fått hela vår ofantligt stora syndaskuld förlåten av Gud, behöver ha samma barmhärtiga sinnelag som Gud gentemot alla människor som handlat illa mot oss. Det gäller oavsett vad vi har utsatts för, inklusive våldtäkt och misshandel. Sådana saker kan givetvis behöva bearbetas genom själavård innan de djupa såren man fått på grund av dem kan läkas. Alla kristna behöver dock ha Kristi sinne och vara villiga att förlåta alla människor.

Matt. 6:14-15 uppenbarar att Gud är rättvis i sina domar. Han vedergäller var och en efter hans gärningar.[216] Var och en som inte har varit barmhärtig mot sina medmänniskor, genom att vägra förlåta dem som handlat illa mot sig, kommer inte slippa undan Guds dom. Alla kristna som inte har visat barmhärtighet mot andra, kommer inte heller själva få barmhärtighet av Gud på domens dag. Anledningen till att det är en så allvarlig synd att inte förlåta andra är att man därigenom förnekar Jesus med sina gärningar. En kristen är en ambassadör för Kristus.[217] Som sådan har hon kallelsen att, genom såväl ord som gärningar, vittna om den förlåtelse för alla synder som finns att få för var och en genom Jesus försoningsverk. Gud var i Kristus och försonade världen med sig själv.[218] Alla människor kan därför få rening från alla sina synder genom Jesu blod, och Gud vill använda sina barn för att föra så många som möjligt till omvändelse. Men, vad händer om vi lever på ett sätt som

---

215 Matt. 18:21-35.
216 Matt. 16:27; Joh. 5:28f; 2 Kor. 5:10 m.fl.
217 2 Kor. 5:20.
218 2 Kor. 5:19.

är i strid med detta evangelium? Kommer de som vi vägrar förlåta kunna tro att evangeliet är sant?

Jesu undervisning om hur viktigt det är att vi förlåter andra, för att Gud inte ska dra tillbaka sin förlåtelse av våra synder, är ett av många ställen i Skriften som uppenbarar att pånyttfödda kristna kan förlora sin frälsning. I nästa kapitel vidareutvecklas den sanningen. Gud är alltså alltigenom rättvis och var och en av oss ska få igen den orättfärdiga behandling vi har utsatt andra för.[219] Gud älskar alla dem som vi i vårt hat inte förlåter, så mycket att han har lidit döden för dem. Därför begår vi en mycket allvarlig synd då vi inte förlåter andra, så allvarlig att vi löper stor risk att förlora vår egen frälsning genom denna synd. Gud är alltså inte nyckfull och oberäknelig, utan låter bara dem som är värdiga få del av den eviga glädjen i sitt rike.[220]

Kalvinismen, däremot, framställer Guds karaktär som godtycklig och nyckfull. Ytterst sett spelar det enligt deras teologi ingen roll hur gudfruktig någon är. Det är enligt dem helt och hållet Guds verk att de utvalda blir gudfruktiga, medan han låter de förtappade förbli i ett tillstånd av fiendskap och hat gentemot honom, som de omöjligen kan ta sig ur. Bibeln lär istället att människor innehar förmåga att lyssna till Guds ord och gensvara i ånger och tro på Guds varningar om den kommande domen.[221] Det är människors respons på Guds ord som kommer att avgöra om de kommer att gå evigt förlorade eller bli evigt frälsta.[222] Gud vill att alla ska ha ett fritt val att lyda hans undervisning eller förkasta den. Vad ärar Gud mest? Människor som älskar honom och lyder honom därför att han

---

219 Matt. 7:2; Luk. 6:37f; Gal. 6:7f; 1 Petr. 4:17-19.
220 Luk. 20:35; 2 Thess. 1:11f; Upp. 3:4.
221 Hes. 33:10–20; Matt. 7:24ff; Rom. 2:4ff; Gal. 6:7ff.
222 Matt. 12:41f; Joh. 12:48; 15:22; Apg. 13:46; 1 Thess. 2:13; 2 Thess. 2:9ff; Upp. 3:3,20.

själv ändrar deras vilja så att de inte kan göra något annat, eller människor som verkligen älskar honom av fri vilja?

Jesus välsignar barnen

Berättelsen om när Jesus välsignade barnen finns med i tre av evangelierna.[223] Det som är anmärkningsvärt är att Jesus välsignade de små barnen just på grund av att de var små barn. Han bejakar deras oskyldiga tillstånd och säger att det är sådana som de som tillhör Guds rike. Den här texten säger ingenting om vilka sorters människor de barn blev som Jesus välsignade. Vi vet inte om de blev kristna i vuxen ålder eller inte. Jesus baserade inte sin välsignelse av barnen på att de var utvalda, utan enbart på att de var ödmjuka och befann sig i ett hjälplöst tillstånd. Det är ett sådant sinnelag vi också behöver ha för att kunna komma i Guds rike.[224] Jesus säger på ett annat ställe att en människa är mycket mer värd än ett får.[225] Det innebär att varenda människa som föds är sedd och älskad av Gud. Alla är föremål för Guds omsorg och han vill att alla ska lära känna honom.[226] Vi har alla varit små barn utan kunskap om skillnaden mellan gott och ont och i det tillståndet ingick vi i Guds rike.[227] Det var först i samband med att vi förstod vad som är synd som vi fick begär till det onda, begick medveten synd, och dog andligen.[228]

Många kristna menar att även de små barnen står under Guds dom och vrede, till följd av att alla människor föds med arvsynd. Kalvinister lär dessutom att alla människor föds i ett andligt dött tillstånd som gör oss oförmögna att kunna gensvara på Guds ord.

---

223 Matt. 19:13-15; Mark. 10:13-16; Luk. 18:15-17.
224 Matt. 5:3; 18:3f.
225 Matt. 12:12.
226 Apg. 17:24-28.
227 5 Mos. 1:39; Jes. 7:15f; 1 Kor. 14:20.
228 Rom. 7:7–11.

Vi har således inte kvar den fria viljan att både välja det goda respektive det onda, utan vi föds med en natur som endast är i stånd att välja bort Guds väg. Bibeln lär visserligen att den första människans synd ledde till att en fördömelsedom, som medför döden, drabbar alla människor.[229] Alla människor kommer en dag få smaka döden till följd av att en förbannelse vilar över mänskligheten alltsedan Adams fall. Innebär detta att även de små barnen bär på Adams skuld och kommer gå evigt förlorade om de inte genom tron och dopet föds in i Guds rike? Har verkligen den fria viljan gått förlorad för alla människor till följd av Adams syndafall?

Bibeln lär ingenstans att människans fria vilja har gått fullständigt förlorad i och med Adams synd. Det går heller inte att finna stöd i Guds ord för läran att små barn bär på Adams skuld och drabbas av evig fördömelse om de dör. Istället lär Bibeln uttryckligen att varje enskild individ drabbas av Guds straff för personliga synder man begått i ett medvetet tillstånd.[230] Bibelns egen definition av synd är att det är brott mot lagen.[231] För att kunna synda måste man ha kännedom om lagen, alltså förstå skillnaden mellan gott och ont. Vi har dock redan kunnat konstatera att Guds ord säger att små barn inte har denna kunskap om skillnaden mellan gott och ont. De har så att säga inte ätit av kunskapens på gott och ont, utan befinner sig i ett oskyldigt tillstånd. Hur kommer det sig då att även små barn kan dö? Lär inte Bibeln att döden utgör ett straff för synd?[232]

Jo, men barnen dör på grund av den allmänna förbannelsen som alltsedan Adams syndafall vilar över alla hans ättlingar. Barnen bär inte på Adams skuld som sådan. Däremot är det sant att de föds med

---

229 Rom. 5:12; 1 Kor. 15:21f.
230 5 Mos. 24:16; 2 Kung. 14:6; Hes. 18:19f.
231 1 Joh. 3:4.
232 Rom. 6:23.

88

en natur som efter syndafallet är förgänglig och benägen att synda emot Gud.[233] Detta medför att alla människor som kommer upp i en ålder då de kan skilja på gott och ont, börjar begå medvetna synder. Till följd av vår naturs benägenhet att synda, väcks syndiga begär till liv i oss genom Guds lag.[234] Därför har ingen människa lyckats leva ett helt syndfritt liv. Detta innebär dock inte att den fria viljan är fullständigt förlorad, vilket såväl Skriften som erfarenheten bekräftar. Kain kunde ha valt att inte mörda sin bror Abel, men han lät sig drivas till mord av sin avundsjuka.[235] Bibeln är full av exempel på att Gud straffar människor för synder de hade kunnat undgå att begå.[236] Gud straffar också människor som inte litar på hans löften.[237] Hur kan han göra det om alla människor saknar förmåga att tro och lyda hans ord?

Konsekvent kalvinism gör alla skapade varelser, såväl människor som änglar och demoner, till marionetter i Guds hand. Vi kan, enligt deras teologi, inte göra något annat än det som Gud förutbestämt ska äga rum.[238] Ingen av oss kan välja att göra andra saker under våra liv än de saker Gud har förutbestämt att vi ska göra. Sanningen är emellertid att hela Bibeln har skrivits ner och givits till mänskligheten för att förmå var och en av oss att vända om från vår egen väg, för att istället följa Guds väg. Våra liv är inte ristade i sten, utan vi är med och avgör hur våra liv på jorden och i evigheten blir genom de beslut vi fattar varje dag. Detta påståendes sanning bekräftas av det faktum att Guds ord innehåller många

---

233 Rom. 8:3,7; Ef. 2:3.
234 Rom. 7:7–24.
235 1 Mos. 4:6–8.
236 1 Mos. 38:8–10; 49:3f; 3 Mos. 10:1f; 4 Mos. 12; 21:4ff; 5 Mos. 22:23f; 1 Sam. 3:10ff; Apg. 5:1–10.
237 4 Mos. 14:11f; 20:12; Luk. 1:18-20.
238 Ef. 1:11.

verser som antyder att framtiden är öppen.[239] Med det menas att Gud talar om framtiden i termer som tyder på att den avgörs av de val som människor gör i nuet. Det kan till exempel stå ungefär, "om ni gör det eller det … så kommer det eller det hända." Hur framtiden blir avgörs alltså av de val som görs allteftersom tiden framskrider. Bibeln beskriver på många ställen hur besviken och upprörd Gud blir av att människor brukat sin fria vilja till att begå fruktansvärda synder och/eller vägrat omvända sig, trots alla försök Gud har gjort att föra dem till omvändelse.[240] Det blir svårt att förklara detta för dem som lär att Gud har förutbestämt alla människors gärningar. Synen att framtiden inte är ristad i sten innebär inte att Guds allmakt görs om intet. Gud är fullständigt suverän och han är i stånd att uppfylla alla löften och profetior han förutbestämt ska uppfyllas, trots att han har gett alla människor fri vilja. Hans makt är så stor att han inte måste förutbestämma allt som ska ske i tiden för att kunna uppfylla sina egna profetior.[241]

Gud har så stor kärlek och omsorg om alla människor som, likt får, har kommit bort ifrån honom att han liknar sig själv vid en herde som är ute och söker alla sina vilsegångna får.[242] Det är värt att påpeka att ingen människa är född förtappad, utan det är till följd av de synder vi begått i medveten ålder, som vi gått igenom den vida porten och slagit in på den breda vägen, den som leder till

---

239 2 Mos. 4:8f; 13:17f; 15:26; 22:16-26; 3 Mos. 5:1ff; 6:1ff; 20:6ff; 26:14–28; 4 Mos. 27:8–11; 30:2–13; 32:20–23; 33:55f; 2 Kung. 20:1–6; Jer. 18:5–18; 20:5–22. Även om denna boks författare lutar åt denna förståelse av framtiden, är även synen att Gud verkligen känner till precis allt vad som händer i historien i förväg, utan att förutbestämma alla dessa saker, bibliskt försvarbar.
240 1 Mos. 6:5ff; Dom. 2:1ff; Jes. 5:1–7; Jer. 3:6–10; 26:1–15; 32:30–35; Matt. 21:33-44; Luk. 7:29f; Apg. 7:51; Upp. 2:19-23.
241 De läsare som vill fördjupa sig i dessa frågor hänvisas till exempelvis Greg Boyds bok, God of the Possible (2000).
242 Hes. 34:11–16; Matt. 9:35-38; 15:24; Joh. 10:1–16.

fördärvet.[243] Därför står det klart och tydligt att alla människor på domens dag kommer att dömas efter sina egna gärningar och inte efter en skuld de ärvt.[244] Det blir större glädje i himlen över en enda syndare som omvänder sig än över 99 rättfärdiga som inte behöver omvända sig.[245] Alla människor har en gång varit små barn, och i det tillståndet varit oskyldiga och ingått i Guds rike, tack vare Jesu försoningsverk för alla människor.[246] Det är därför Jesus tog de små barnen i sin famn, välsignade dem och sa att Guds rike tillhör sådana.

De som fortfarande tvivlar på om den syn på de små barnens andliga tillstånd som här presenterats är riktig, hänvisas till de tidigaste kristnas vittnesbörd.[247] Några av 100-talets kristna skrev följande om de små barnen:

"De är som små barn, i vilkas hjärtan inget ont har sitt ursprung. Ej heller kände de till vad ondska är, utan förblev alltid som barn."[248]

"Vilka är de som har blivit frälsta och mottagit arvet? De, utan tvekan, som tror på Gud och har blivit kvar i hans kärlek – som Kaleb av Jephuneh och Joshua av Nun gjorde – och oskyldiga barn, som inte haft något sinne för det onda."[249]

"Låt då barnen komma, medan de växer upp. Låt dem komma medan de lär sig – medan de lär sig vart de ska komma. Låt dem bli

---

243 Matt. 7:13.

244 Hes. 18:20; Matt. 13:36-43; 16:27; Joh. 5:28f; Rom. 2:1–16; 2 Kor. 5:10; Upp. 20:11-15.

245 Luk. 15:3–10.

246 Matt. 19:13-15; 1 Kor. 15:21ff.

247 Läs till exempel Ante-Nicene Fathers, vol. 1–3, samt De Apostoliska Fäderna (2006).

248 Hermas Herden (ca. 150), Ante Nicene Fathers vol. 2, s. 53. Citerad på s. 92 i A DICTIONARY OF EARLY CHRISTIAN BELIEFS, red. D. Bercot, 1998.

249 Irenaeus (ca. 180), Ante Nicene Fathers vol. 1, s. 502. Citerad på s. 92 A DICTIONARY OF EARLY CHRISTIAN BELIEFS. Egen översättning till svenska.

kristna då de blivit kapabla att känna Kristus. Varför skyndar sig livets oskyldiga period till syndernas förlåtelse?"[250]

Under åtminstone ett århundrade efter aposteln Johannes död trodde de kristna att små barn är oskyldiga och därmed tillhör Guds rike utan tron och dopet. En förändring av denna lära började dock komma redan under första halvan av 200-talet. Man kan nämligen finna citat från den tiden som ger uttryck för en begynnande arvsyndslära.[251] Det är också från den tiden dop av små barn börjar bli vanliga, bland annat i Nordafrika. Före dess finns inga bevis för att dop av spädbarn eller små barn förekom.[252] I samband med att dop av små barn infördes i delar av kyrkan började man också använda sig av Jesu välsignelse av barnen för att rättfärdiga handlingen.

Jesus ber för sina fiender

Och när de kom till det ställe som kallas Huvudskalleplatsen, korsfäste de honom och förbrytarna där, den ene på den högra sidan och den andre på den vänstra. Då sa Jesus: Fader, förlåt dem, för de vet inte vad de gör. Och de delade hans kläder mellan sig och kastade lott om dem.[253]

Jesu korsfästelse utgjorde den avgörande höjdpunkten på hans stora uppdrag: att befria människor ur djävulens våld.[254] Synden, döden och djävulen är de fördärvsmakter Gud behövde besegra för att föra

---

250Tertullianus (ca. 198), Ante Nicene Fathers vol. 3, s. 678. Citerad på s. 59 i A DICTIONARY OF EARLY CHRISTIAN BELIEFS.

251 Författaren till denna bok förnekar inte att alla människor föds med en köttslig natur med begär till det onda. Det som dock inte har stöd i Skriften, eller de tidigaste kristna skrifterna, är läran att små barn blir fördömda enbart på grund av Adams synd, innan de har begått några egna synder.

252 Se exempelvis Kurt Aland, DID THE EARLY CHURCH BAPTIZE INFANTS, ss 100–111 (1961).

253 Luk. 23:33f, Reformationsbibeln (2016).

254 Apg. 10:38.

den förlorade mänskligheten tillbaka in i sitt rike. Gud blev människa för att övervinna dessa andliga fiender och rena åt sig ett egendomsfolk, som lever i enlighet med hans vilja.[255] Alla människor har gått vilse likt får och, på grund av våra synder, tillhör vi djävulen och hans rike.[256] Vi har, på grund av vårt själviska sinnelag och våra synder, blivit Guds fiender, varigenom vi har gjort oss förtjänta av den eviga döden.[257]

Trots vår synd och vårt fientliga sinnelag gentemot Gud, har dock inte hans kärlek till oss, eller hans vilja att frälsa oss från den eviga döden, blivit mindre. Gud bevisar hur stor hans kärlek till alla syndare är genom att utgjuta sitt eget blod för vår skull.[258] Jesus, som själv var syndfri, bar våra synder i sin egen kropp upp på korsets trä och lät sig själv drabbas av den dom vi förtjänar på grund av våra synder.[259] Tack vare hans död för våra synder, kan var och en som åkallar hans namn bli frälst och få en hel och återställd relation med Gud.[260]

Då Jesus hängde på korset, bad han för dem som hade korsfäst honom. Han bad för sina fiender och gjorde det klart att han inte ville att de skulle gå förlorade. Jesus älskade dem så mycket att han bad sin Fader att han skulle förlåta dem. De förstod ju inte att det var Guds egen Son de hade korsfäst. Genom denna bön för sina fiender bekräftar Jesus att han inte gläder sig åt de ogudaktigas död, utan vill att de ska komma till omvändelse och få leva.[261] Jesus är Gud och uppenbarar Faderns kärlek till syndare. Gud vill mycket hellre förlåta än döma människor. Samtidigt är det sant att han

---

255 Matt. 1:21; Luk. 1:68–79; Kol. 1:13f; Tit. 2:14; Hebr. 2:14ff.
256 Ef. 2:1–3; 1 Joh. 3:8.
257 Rom. 8:7; Kol. 1:21; Rom. 6:23.
258 Rom. 5.8ff.
259 2 Kor. 5:21; Gal. 3:13; 1 Petr. 2:24.
260 Rom. 10:13; 1 Tim. 2:3–6.
261 Hes. 18:23,32.

också är en rättfärdig domare som inte kan låta skyldiga syndare komma undan det straff de förtjänar.[262] I sin stora vishet gör dock Gud det möjligt för sig själv att förlåta alla syndare, utan att behöva göra avkall på den rättfärdiga dom han som universums konung är skyldig att straffa alla med, som förbrutit sig mot hans lagar. Detta gör han genom att själv bli människa och själv ta den dom och förbannelse vi har gjort oss förtjänta av![263]

De som av hela sina hjärtan omvänt sig från sina synder, och har tagit emot förlåtelsen för Jesu utgjutna blods skull, kommer själva att bli fyllda av Guds kärleksfulla och barmhärtiga sinnelag. Det är mycket allvarligt i Guds ögon att inte behandla sin medmänniska med kärlek och barmhärtighet, även om denne behandlat en illa. Gud har ju förlåtit oss så mycket mer onda tankar ord och gärningar, än vad någon har begått emot oss personligen.[264] Det är av största vikt att man som kristen ständigt betänker hur mycket Gud har förlåtit en. Annars kommer man inte ha lika mycket kärlek till Gud och sina medmänniskor, vilket kommer medföra att ens benägenhet att förlåta andra och göra gott emot dem blir mycket mindre.[265] Kristna har kallelsen att ha samma barmhärtiga sinnelag som Jesus demonstrerade på korset mot sina fiender.[266]En kristen som verkligen visade prov på vad det innebär att ha Kristi sinne var Stefanus, kyrkans förste martyr. Medan hans fiender stenade honom bad han att Herren skulle vara barmhärtig emot dem och inte ställa dem till svars för den stora synden![267] Vill vi uppriktigt att alla våra fiender ska få del av Guds nåd och frälsning? Om inte så har vi inte Kristi sinne.

---

262 Ps. 7:12; Joh. 5:28f.
263 Rom. 3:23-26; Gal. 3:13; 1 Petr. 3:18.
264 Matt. 18:23-35.
265 Luk. 7:47; Kol. 3:12ff; 1 Joh. 4:7–11.
266 Fil. 2:5ff; 1 Petr. 2:21-23.
267 Apg. 7:59f.

Den kalvinistiska teologin går inte alls ihop med Jesu och Stefanus böner för dem som tog deras liv. Kalvinismen lär ju att Gud egentligen inte vill att alla människor ska bli frälsta och komma till insikt om sanningen, vilket Guds ord klart uttrycker.[268] Enligt kalvinismen hatar Gud merparten av alla människor och han har förutbestämt att de ska drabbas av hans vrede, medan han älskar de utvalda utan någon som helst anledning. Hans kärlek till de utvalda grundar sig alltså inte på någon kvalité som de utvalda visar prov på, inte ens ett ödmjukt sinnelag, tro, gudsfruktan eller villighet att följa Jesus. Allt sådant är saker som Gud ger till de utvalda, enligt kalvinismen. Innan någon av oss var född hade Gud förutbestämt precis vilka individer i mänsklighetens historia som skulle tillhöra de utvalda och vilka som skulle tillhöra de fördömda. Hur kan då de kalvinistiska teologerna veta att alla som korsfäste Jesus, och alla som stenade Stefanus, tillhörde de utvalda? Jesus och Stefanus skulle ju inte be om förlåtelse och barmhärtighet för några som Gud av evighet bestämt ska hamna i den eviga elden. Guds beslut att fördöma merparten av alla människor är enligt kalvinismen inget som någon kan ändra på. Såväl de utvaldas som de fördömdas antal är förutbestämt och det kan inte ändras, enligt kalvinismen. Inga böner kan förändra någon människas eviga öde. Därmed kan ingen kristen, som på allvar tror på bönens kraft, vara en konsekvent kalvinist.

Gud dömer rättvist

Om någon hör mina ord och inte tror, så dömer inte jag honom. För jag har inte kommit för att döma världen utan för att frälsa världen. Den som förkastar mig och inte tar emot mina ord, han har en som dömer honom; det ord som jag har talat ska döma honom på den yttersta dagen.[269]

268 1 Tim. 2:4.
269 Joh. 12:47f, Svenska Reformationsbibeln 2016.

Dessa ord av Jesus uppenbarar två viktiga sanningar:

1. Jesus har kommit för att frälsa världen. Vilka tillhör då världen? Guds ord gör det klart att hela världen är i den ondes våld.[270] Alla människor tillhör djävulens och hans rike till följd av att vi begår synd, det vill säga bryter mot Guds moraliska lag.[271] Ingen av oss kan frigöra oss själva eller någon annan människa från den eviga döden, som vi genom våra synder förtjänar.[272] Jesus har kommit för att uppsöka och frälsa det som var förlorat, det vill säga alla som syndat och saknar härligheten från Gud.[273] Världen utgör således alla människor som, till följd av sina synder, inte ingår i Guds rike. Jesus är Guds lamm som bär bort världens synd.[274] Gud har försonat hela världen med sig själv genom att Jesus bar våra synder i sin egen kropp och led döden för oss alla.[275]

2. Varje människa kommer på domens dag att dömas efter sitt ställningstagande till Jesu ord, och evangeliet om honom och hans rike. Var och en som förkastar Jesu undervisning, genom att inte lyda hans bud, kommer att bli fördömd, medan var och en som följt Jesus och levt efter hans undervisning kommer att få evigt liv. Den sanna tron på Jesus och hans undervisning kommer att leda till att de troende älskar Jesus, blir hans lärjungar och håller fast vid hans bud.[276]

---

270 1 Joh. 5:19.
271 1 Joh. 3:4–8.
272 Ps. 49:8ff; Rom. 7:24.
273 Jes. 53:6; Luk. 19:10; Rom. 3:23.
274 Joh. 1:29; 1 Joh. 2:2.
275 2 Kor. 5:19-21; Kol. 1:19f; 1 Petr. 2:24.
276 Joh. 8:31,47,51; 14:21,23; 1 Joh. 5:3.

Enligt Jesu egna ord kommer ingen gå vare sig förlorad eller få det eviga livet till följd av Guds orubbliga beslut före någon av oss ens var födda. Det är istället varje människas förkastande av, respektive tro på, Jesus och hans ord som kommer avgöra om man går förlorad eller får det eviga livet. Anledningen till att Gud kommer att fördöma var och en som inte har trott på Jesus och hållit hans bud är att vi alla har en fri vilja att förkasta eller ta emot Jesus. Guds ord säger klart och tydligt att de som inte kommer in i Guds rike har avvisat Guds kallelse till dem av fri vilja.[277] Jesus säger dessutom att de som har fått mycket kunskap om honom och hans undervisning, men ändå förkastat honom, kommer att få en hårdare dom än de som har haft lite kunskap.[278] Enligt kalvinismen är det dock så att ingen människa kan tro på och lyda Guds ord som inte har blivit född på nytt. Kalvinister menar att alla visserligen har en skyldighet att vända om från sina synder och tro på Jesus, men hävdar samtidigt att Gud undanhåller de fördömda den nåd de behöver för att överhuvudtaget kunna tro och bli frälsta. Det är bara dem Gud förutbestämt ska bli frälsta som han föder på nytt så att de kan tro evangeliet och omvända sig från sina synder.

Denna lära är helt förkastlig och strider mot Jesu egna ord om att han ska dra alla till sig, efter att han på korset försonat världens synder.[279] Var och en som vill får fritt ta emot det eviga livets vatten.[280] Hur kan Gud fördöma människor för att de inte tar emot Jesus och hans ord, om det var omöjligt för dem att göra det? Hur kan Gud ge hårdare straff åt dem som haft mycket kunskap om Jesus och inte omvänt sig, än åt dem som haft lite kunskap utan att omvända sig, om det verkligen stämmer att ingen av dem kunde

---

277 Matt. 22:3; 23:37; Mark. 6:4ff; Luk. 7:30; Joh. 5:39f; Apg. 7:51; 13:46; Rom. 2:4ff.
278 Matt. 10:14f; 11:20-24; 12:41f; Luk. 12:47f.
279 Joh. 12:31-33.
280 Upp. 22:17; Jes. 55:1ff.

omvända sig? Gud är inte orättvis, utan han lönar var och en efter hans gärningar.[281] Även kristna som börjar leva i synd kommer att gå förlorade och dessutom få mycket hårdare straff än dem som aldrig känt Jesus.[282] Det är omöjligt att förklara hur det kan vara så om alla de som till slut går förlorade aldrig hade en genuin chans att bli frälsta, på grund av att Gud innan de ens var födda hade bestämt att de skulle bli fördömda. Kalvinismens läror innebär att Gud fördömer människor för att de förkastar en inbjudan till frälsning, som de i själva verket inte kunde få del utav, än mindre ta emot. Gud är ond, om det vore sant att han straffar människor hårdare för att de förkastar ett evangelium som de omöjligen kunde tro på och bli frälsta genom. Bibeln lär att sanningen istället är att anledningen till att människor går förlorade enbart är att de själva förhärdar sina hjärtan och står emot Guds kallelse till omvändelse.[283]

Gud vill att han folk ska vara enat

Men jag ber inte bara för dem, utan också för dem som genom deras ord kommer att tro på mig, att de alla ska vara ett, såsom du Fader är i mig, och jag i dig, att också de ska vara ett i oss för att världen ska tro att du har sänt mig. Och den härlighet som du har gett mig har jag gett dem för att de ska vara ett, liksom vi är ett, jag i dem och du i mig, för att de ska bli fullkomligt till ett, och för att världen ska förstå att du har sänt mig och att du har älskat dem såsom du har älskat mig.[284]

Denna text uppenbarar något som verkligen ligger på Guds hjärta – att alla som kommer till tro på Jesus Kristus ska vara ett i honom.

---

281 Matt. 16:27; Rom. 2:6ff; 14:12; Upp. 22:12 m.fl.

282 Hebr. 10:26-31; 2 Petr. 2:20ff.

283 Ps. 119:155; Ords. 1:24-30; Rom. 10:21; 2 Tess. 2:10ff; Hebr. 3:7ff; 12:24f; Upp. 2:20ff; 3:19f m.fl.

284 Joh. 17:20-23 (Svenska Reformationsbibeln 2016).

Han ensam ska utgöra huvudet för församlingen och den ska inte vara splittrad i olika grupper med var sin läromästare.[285] En viktig anledning till att Guds folk ska vara enat är att det har kallelsen att reflektera den enhet som råder inom själva treenigheten. Gud är en enhet bestående av tre personer, som lever i perfekt kärlek till varandra. Det råder ingen som helst avund eller stridighet mellan Guds tre personer. Gud är ordningens och fridens Gud.[286] Guds karaktär är oföränderlig och därför kan han inte ge upphov till någon form av konflikt eller oenighet mellan kristna.[287]

Från början var kyrkan enad, men redan under apostlarnas tid arbetade djävulen aktivt för att åstadkomma förvirring och splittringar i församlingarna genom många villolärare.[288] Många kristna blev förledda och avföll från den sanna tron. De som höll fast vid den apostoliska undervisningen var dock enade och inga allvarliga splittringar på grund av lärostrider uppkom under kyrkans tre första århundraden. Fadern svarade alltså på Jesu bön för kyrkans enhet. Notera också att Jesus själv, i sin bön om församlingens enhet, uppenbarar att det är nödvändigt att Guds folk är enat, "för att världen ska förstå att du har sänt mig." En viktig anledning till att så pass få människor tror på Jesus i vår tid är att församlingen är splittrad. Vem vill bli del av ett folk som inte kan hålla sams, utan strider med varandra över alla möjliga frågor? Jesus har sagt att ett rike som är splittrat blir ödelagt.[289] Om kalvinismen vore sann är det dock ytterst sett Gud som ligger bakom splittringen inom kristenheten. De människor som tar avstånd från den kristna tron på grund av att de märker hur

---

285 1 Kor. 1:10ff; 12:12f; Ef. 2:19ff.
286 1 Kor. 14:33; Jak. 3:16ff.
287 Hebr. 13:8; Jak. 1:17.
288 Matt. 13:36-43; Apg. 20:29f; 2 Kor. 11:1ff; Fil. 3:2; 1 Tim. 4:1ff; 2 Petr. 2:1ff; Upp. 2:14f m.fl.
289 Matt. 12:25.

splittrade de kristna är, kan ju inte vara utvalda till frälsning. Jesu bön uppenbarar emellertid att det inte är klart vilka människor som kommer bli frälsta, eftersom kyrkans enhet, respektive splittring, påverkar hur många som kommer till tro på att Fadern har sänt honom.

Idag är den kristna kyrkan oerhört splittrad. Djävulen har haft stor framgång i sina försök att åstadkomma förvirring och ständiga lärostrider mellan kristna. Kyrkan är splittrad i tusentals olika samfund och rörelser. Om kalvinismen är riktig är detta helt i sin ordning, eftersom Gud har förutbestämt allt som äger rum under historien. Jesu bön i Johannes 17 uppenbarar dock att Guds vilja är att hans folk ska vara ett, på samma sätt som Fadern och Sonen är ett. Splittringar ingår i uppräkningen av köttets gärningar.[290] En av anledningarna till att den här boken skrivs är att villoläror och splittringar vunnit insteg i Kristi kropp. Detta är något som djupt bedrövar Gud och hindrar människor från att komma till tro på Jesus.

Hur ska vi se på Jesu bön för kyrkans enhet? Med tanke på den rådande splittringen av kyrkan kan man tänka sig tre alternativ:

1. Jesus menade inte allvar med sin bön för de kristnas enhet.
2. Jesus bad enbart för en osynlig enhet, i Anden, mellan de pånyttfödda. Dessa ingår samtidigt i olika kyrkor och samfund, som i sin tur består av såväl pånyttfödda som ofrälsta.
3. Jesus bad för att de kristna skulle vara enade i såväl Anden som genom att de ingår i samma samfund, alltså den ursprungliga och apostoliska kyrkan.

Det första alternativet kan vi direkt förkasta. Jesus menar alltid allvar med vad han säger och ber. Det andra alternativet är en vanlig

---

förklaring bland protestantiska kristna, bland annat kalvinister. Anledningen till att man menar att det inte är fel att pånyttfödda kristna ingår i olika samfund och rörelser är att man vill försvara det kaos i form av ständiga lärostrider och splittringar som rått inom protestantismen ända sedan reformationens tid på 1500-talet. Från början var dock kyrkan ett enda samfund över hela världen. Detta framgår av många citat från de tidiga kristna, bland annat dessa:

"Guds kyrka, som bor som främling i Smyrna, till Guds kyrka, som bor som främling i Filomelion och till alla församlingar i den heliga katolska kyrkan[291] som bor som främlingar på varje plats."[292]

"Alla nationer som bor under himlen blev kallade genom att höra och tro på Guds Sons namn. Sedan de alltså tagit emot sigillet, hade de en förståelse och ett sinne. Och deras tro blev en, och deras kärlek en."[293]

"Trots att den är kringspridd över hela världen, ända till jordens ändar, har kyrkan mottagit denna tro från apostlarna och deras lärjungar. ... Kyrkan tog emot denna förkunnelse och denna tro. Trots att hon är skingrad över hela världen, bevarar hon den ändå troget, som om hon endast bebodde ett enda hus. Hon tror också dessa punkter precis som om hon bara hade en enda själ, och ett och samma hjärta. Hon proklamerar dessa ting, lär ut dem, och för dem vidare med perfekt harmoni – som om hon bara hade en mun. Ty även om världens språk skiljer sig åt, är ändå traditionens betydelse en och densamma. Ty kyrkorna som har planterats i Tyskland vare sig tror eller för vidare något annorlunda. Det gör inte heller de i

---

291 Detta syftar inte på den romersk-katolska kyrkan, utan innebörden är att kyrkan är allmän och enad.
292 Polykarpos martyrium, ca år 135. Ur De apostoliska fäderna (2006), s. 127.
293 Hermas Herden (ca. år 150), Ante Nicene Fathers, vol. 2, s. 50. Citerad i A DICTIONARY OF, s. 146. Egen översättning till svenska.

Spanien, Gallien, Östern, Egypten, Libyen, eller de i världens centrala regioner."[294]

Den tidiga kyrkan hade samma syn i viktiga frågor som frälsningen, dopet, fri vilja och vikten av Jesu Bergspredikan. Dessa utgör frågor som splittrar dagens kristna i olika kyrkor och samfund. Med tanke på att kyrkan från början var enad kan vi med säkerhet säga att Jesus verkligen bad att alla som skulle komma att tro på honom skulle ingå i samma samfund. Splittringen av kyrkan i tusentals samfund och rörelser är ett bevis på att Guds vilja inte alltid sker, till följd av onda andemakters aktivitet och människors synder. Gud ger aldrig upphov till villoläror och splittring bland sina barn, eftersom detta är ont och Gud aldrig leder människor in i synd.[295] Gud vill att hans folk ska vara ett, i lika hög grad som Fadern och Sonen är ett!

Kapitel 4 - Kan en pånyttfödd kristen förlora sin frälsning?

Enligt kalvinismen kan ingen människa som verkligen blivit född på nytt av Guds Ande gå så långt i avfall från tron och/eller börja leva i synd till den grad att hon förlorar sin frälsning. Om någon helt avfaller från tron, och på nytt börjar leva i synd, så är det ett tecken på att personen aldrig var riktigt frälst från början. I och med att kalvinismen lär att det helt och hållet är ett verk av Gud att människor kommer till tro på Jesus och omvänder sig till honom, innebär det att Gud låter vissa som kommer till tro på Jesus inbilla

---

294 Irenaeus (ca. år 180), Ante Nicene Fathers vol. 1, s. 330, 331. Citerad i A DICTIONARY OF, s. 146. Egen översättning till svenska.
295 Gal. 5:20; Jak. 1:13.

sig att de är frälsta. Många som kommer till tro på Jesus förblir nämligen inte i tron. De, däremot, som Gud har utvalt till frälsning kommer helt säkert förbli i tron genom Guds nåd. Vad lär egentligen Bibeln om detta? Vi behöver se vad Guds ord i sin helhet säger om frågan huruvida en sann kristen kan förlora sin frälsning eller inte. I detta studie begränsar vi oss till Nya testamentet då det är mest relevant för kyrkans lära.

Nya testamentet innehåller åtminstone omkring 80 ställen som antyder att en pånyttfödd kristen kan avfalla från tron och gå förlorad, eller gå miste om frälsningen till följd av olydnad mot Jesu bud. De flesta böcker i Nya testamentet innehåller verser som talar för att kristna kan förlora sin frälsning. Vi kommer inte att behandla alla, men många av de tydliga. Låt oss återigen börja med Jesu egen undervisning. Matteus evangelium innehåller mest relevant undervisning av Jesus i detta ämne och för att inte göra detta kapitel för långt begränsar vi oss till det evangeliet då vi behandlar Jesu undervisning om detta ämne.

Saltet som mister sin sälta

Ni är jordens salt, men om saltet mister sin sälta, med vad ska man då salta? Till inget annat duger det än att kastas ut och trampas ner av människorna.[296]

Denna vers från Bergspredikan gör det klart att sanna lärjungar till Jesus kan förlora sin starka och kompromisslösa tro. Jesus ger varningen till sina lärjungar.[297] Han riktar den alltså till personer som har lämnat allt för att följa Jesus.[298] Jesus har precis förklarat sina lärjungar saliga, och jämfört dem med Gamla testamentets profeter, som blev förföljda för rättfärdighetens skull. Jesu

---

296 Matt. 5:13 (SRB 2016).
297 Matt. 5:1.
298 Matt. 19:27; Luk. 14:33.

saligprisningar i verserna 3–12 av Matteus 5 uppenbarar dessutom vad som kännetecknar alla sanna efterföljare till Jesus. Så länge man till exempel är ödmjuk, hungrar och törstar efter rättfärdighet, är barmhärtig och har ett rent hjärta som är helt inriktat på att göra Guds vilja, är man en del av den trogna församling som Jesus kallar jordens salt. Men, om man börjar älska den här världen och börjar kompromissa med Guds ords riktlinjer för hur man ska leva, gör man om intet den skarpa åtskillnad som ska råda mellan Guds barn och världens barn, mellan ljuset och mörkret.[299] På så sätt mister saltet sin sälta.

Jesu undervisning om att hans lärjungar kan förlora sin sälta, alltså den tro som gör att de kan övervinna världen och hålla Guds bud,[300] uppenbarar att var och en som en gång har varit en sann kristen, kan förlora sin sälta genom att kompromissa med världen och så komma bort från tron.[301]

Villkorlig förlåtelse

"... och förlåt oss våra skulder, såsom också vi förlåter dem som är oss skyldiga. ... För om ni förlåter människorna deras överträdelser, så ska också er himmelske Fader förlåta er. Men om ni inte förlåter människorna deras överträdelser, så ska inte heller er Fader förlåta era överträdelser."[302]

Detta är ett av de enklaste bibelställena att förstå. Jesus är många gånger väldigt rak i sin undervisning. I synnerhet är han det då han förmedlar sanningar som är väldigt viktiga. Han vill inte att hans ord ska kunna missförstås. Trots att Jesus så tydligt förklarat att vi måste förlåta andra människor som handlat illa mot oss, för att vi

---

299 Rom. 12:2; 2 Kor. 6:14-18; Jak. 4:4; 1 Joh. 2:15-17.
300 1 Joh. 5:3f.
301 1 Tim. 1:18f; 6:10.
302 Matt. 6:12,14f, SRB 2016.

själva ska få förlåtelse av Gud för våra synder, förvränger många Jesu klara undervisning. Man menar i allmänhet, inom protestantisk teologi, att Guds nåd och förlåtelse ges helt ovillkorligen, bara man tror att Jesus dog för ens synder och uppstod från de döda för att kunna ge alla som tror på honom evigt liv. Det är också helt riktigt att det är genom tron på Jesu död och uppståndelse som man blir frälst och får del av syndernas förlåtelse.[303]

Inom den gren av protestantismen som denna bok behandlar - kalvinismen – blir de som Gud utvalt till frälsning Guds barn helt ovillkorligen, till och med utan villkoret att de tror och omvänder sig från sina synder. Enligt deras teologi är det ju så att Gud ger tro och omvändelse till de utvalda.[304] Vi ska nu försöka närmare förstå vad Jesu undervisning om vikten av att vi förlåter andra, för att vi själva ska få förlåtelse av Gud för våra synder, egentligen innebär. Det sista vi kan göra är att bortförklara hans klara ord genom att överbetona vad andra bibelställen säger om att bli rättfärdig genom tro.

Med tanke på att många bibelställen understryker faktumet att ingen kan bli frälst genom sina gärningar, utan endast genom Guds nåd i den nya födelsen,[305] kan vi utesluta att Jesus skulle mena att förlåtelse av andra utgör ett krav för att kunna bli född på nytt och bli ett Guds barn. Låt oss gå djupare för att få reda på vad Jesus egentligen menar med att vi behöver förlåta andra för att själva få förlåtelse av Gud. Vi nu se på ett annat bibelställe i Matteus evangelium där Jesus själv förklarar vad han menar.

"Då kom Petrus fram till honom och sa: Herre, hur ofta ska jag förlåta min broder, när han syndar mot mig? Upp till sju gånger?

303 Se exempelvis Apg. 13:38f; Rom. 3:23-26; 5:1 och Gal. 3:6–9.
304 Kalvinister åberopar sig bland annat utav Joh. 6:44, 65; Fil. 1:29 och 2 Tim. 2:25 för att stödja denna lära.
305 Se exempelvis Ef. 2:8f; Tit. 3:4ff.

Jesus sa till honom: Jag säger dig: Inte upp till sju gånger utan upp till sjuttio gånger sju. Därför liknar himmelriket en kung, som ville hålla räkenskap med sina tjänare. Och när han började räkna, förde man fram till honom en som var skyldig honom tiotusen talenter. Men eftersom han inget hade att betala med, befallde hans herre att han och hans hustru och barn och allt det han ägde skulle säljas så att betalning kunde ske. Då föll den tjänaren ner på sina knän inför honom och bad. Herre, ha tålamod med mig, så ska jag betala dig allt. Då greps tjänarens herre av medlidande och gav honom fri och efterskänkte honom skulden. Men när tjänaren kom ut fann han en av sina medtjänare, som var skyldig honom hundra denarer. Och han tog fast honom och grep honom om strupen och sa: Betala mig vad du är skyldig. Då föll hans medtjänare ner vid hans fötter och bad honom, och sa: Ha tålamod med mig, så ska jag betala dig allt. Men han ville inte, utan gick och lät sätta honom i fängelse, tills han hade betalat skulden. När hans medtjänare såg vad som hände, tog de mycket illa vid sig och gick och berättade för sin herre allt det som hade hänt. Då kallade hans herre honom till sig och sa till honom: Du onde tjänare! Hela skulden efterskänkte jag dig, därför att du bad mig. Borde inte du också ha förbarmat dig över din medtjänare, liksom jag förbarmade mig över dig? Och hans herre blev vred och överlämnade honom åt dem som torterar, tills han hade betalat allt som han var skyldig honom. Så ska också min himmelske Fader göra med er, om ni inte, var och en, av hjärtat förlåter sin broder hans överträdelser. "[306]

Denna text är inte heller svår att förstå. Genom en talande liknelse gör Jesus det klart för Petrus och de andra lärjungarna att de behöver förlåta varandra för att fortsätta inneha den förlåtelse från Gud som de har mottagit för sina synder. Varje kristen har genom tron på Jesus undfått förlåtelse för oerhört många synder som man

306 Matt. 18:21-35, Svenska reformationsbibeln 2016.

begått under sitt liv, vilket illustreras med den ofantligt stora skuld som tjänaren var skyldig sin herre.[307] Vi har alla gjort oss förtjänta av den eviga döden, men tack vare Jesu dyrbara blod, som utgjutits för alla människors skull,[308] har alla som blivit födda på nytt blivit renade från alla sina synder.[309] Ingen av oss har gjort något för att förtjäna syndernas förlåtelse, vilket Jesus tydliggör genom liknelsen. Ingen människa förmår att betala Gud för den skuld man ådragit sig till följd av alla sina synder. Endast Jesus offer av sitt liv på korset i vårt ställe var tillräckligt för att friköpa oss från den skuld vi har inför Gud.

Väldigt många kristna har fått lära sig att detta är slutet på läran om frälsningen. Det är visserligen sant att var och en som mottagit förlåtelse för alla sina synder blir frälst för evigt om man dör i det tillståndet. Det finns dock villkor för att förbli i Kristus och i hans kärlek. Ett av dessa villkor är att vi av hjärtat förlåter var och en som handlat illa mot oss.[310] En kristen ska följa Jesus och ha samma sinnelag gentemot syndare som han hade. Om vi har svårt att förlåta någon bör vi komma ihåg hur många synder Gud har förlåtit oss. Oavsett vad en annan människa har gjort emot oss är skulden de därigenom ådragit sig oerhört mycket mindre än den skuld Gud efterskänkt oss. Dessutom förmår vi allt genom Kristus som ger oss kraft.[311] De kristna som inte vill förlåta sin nästa, trots Jesu befallning att vi alltid ska förlåta andra, kommer att få den förlåtelse

---

307 Tiotusen talenter motsvarade 200 000 årslöner för dåtidens arbetare, enligt kommentaren till Matt. 18:24 på s. 1110 i SVENSK STUDIEBIBEL, in. red. T. Gilbrant, Livets Ords Förlag, 1999, 2004, 2008 (Bibeltext Svenska Folkbibeln 1998).
308 Jes. 53:6f; Joh. 1:29; Rom. 5:18; 2 Kor. 5:14f; Hebr. 2:9; 1 Joh. 2:2.
309 Ef. 1:7; Hebr. 9:12ff; 1 Petr. 1:18f. Upp. 1:5.
310 Mark. 11:25; Kol. 3:13.
311 Fil. 4:13, jämför Joh. 15:5.

de fått av Gud indragen. Därmed förlorar de alltså sin frälsning och kommer de själva få betala till sista öret för sina synder.

De två husbyggarna

"Därför, var och en som hör dessa mina ord och gör efter dem, honom vill jag likna vid en vis man, som byggde sitt hus på klippan. Och slagregn föll, och floderna kom, och vindarna blåste och stötte mot huset, men det föll inte omkull, eftersom det var grundat på klippan. Men var och en som hör dessa mina ord och inte gör efter dem, han liknar en oförståndig man, som byggde sitt hus på sanden. Och slagregn föll, och floderna kom, och vindarna blåste och stötte mot huset, och det föll omkull, och dess fall var stort."[312]

Jesu liknelse om de två husbyggarna avslutar hans undervisning i Bergspredikan. Han understryker alltså att var och en som tar del av hans undervisning i Bergspredikan, men inte lyder befallningarna i den, liknar en man som byggde sitt hus på sanden. I och med att det var byggt på sand, rasade det samman så fort ovädret drabbade det. Hur bör vi förstå denna liknelse?

Jesus talar i Bergspredikan till sina lärjungar.[313] Han vänder sig alltså till sådana som bekänner att han är Herre, vilket tydligt framgår då vi jämför denna text med parallelltexten i Lukas.[314] De hade inte kunnat bekänna Jesus som Herre utan att den helige Ande fått verka i dem genom Guds ord.[315] Därför kan vi dra slutsatsen att Jesus använder liknelsen om de två husbyggarna för att varna kristna i alla tider, genom att göra det klart att vi måste lyda Jesu undervisning för att vår tro ska bestå provet på domens dag. Det är

---

312 Matt. 7:24-27, SRB 2016.
313 Matt. 5:1.
314 Luk. 6:46-49.
315 Matt. 7:21f. Joh. 16:7ff; 1 Kor. 12:3; Ef. 1:13f.

108

nämligen endast de som håller Jesu bud som blir kvar i hans kärlek.[316]

100-talets kristna, som ofta leddes av män som undervisats av apostlar eller lärjungar till apostlar, lärde också att lydnad utav Jesu bud är helt nödvändigt för att förbli frälst:

"Därför, bröder, kommer vi att erhålla evigt liv genom att göra Faderns vilja, och hålla köttet heligt, och hålla Herrens bud."[317]

"Och han sa till mig, "Du kommer att leva om du håller mina befallningar, och vandrar i dem; och var och en som kommer att höra och hålla dessa bud, kommer att leva inför Gud."[318]

"Guds Son har på nytt lovat att befria oss och förse oss med iordninggjorda kläder – om vi handlar i enlighet med hans bud. Och han har åtagit sig att förse [oss med] ett evigt rike."[319]

"De som tror på Gud och följer hans ord, mottar den frälsning som flödar fram ifrån honom. De, å andra sidan, som avlägsnar sig ifrån honom, och föraktar hans undervisning, och vanärar honom som skapade dem genom sina gärningar … samlar på sig den mest rättfärdiga domen."[320]

---

316 Joh. 15:10; 1 Joh. 3:16-24.

317 2 Clemens brev (ca. år 150), Ante Nicene Fathers vol. 7, s. 519. Citerad på s. 580 i A DICTIONARY OF. Egen översättning till svenska.

318 Hermas Herden (ca. år 150), Ante Nicene Fathers vol. 2, s. 22. Citerad på s. 580 i A DICTIONARY OF. Egen översättning till svenska.

319 Justinus Martyren (ca. år 160), Ante Nicene Fathers vol. 1, s. 257. Citerad på s. 580 i A DICTIONARY OF. Egen översättning till svenska.

320 Irenaeus (ca. år 180), Ante Nicene Fathers vol. 1, s. 511. Citerad på s. 581 i A DICTIONARY OF. Egen översättning till svenska.

”De som inte lyder Honom, och blivit av med arvsrätten, har upphört att vara Hans söner.”[321]

De som förnekar tron på Jesus under förföljelse förlorar frälsningen

”Den som bekänner mig inför människorna ska också jag bekänna inför min Far i himlen. Men den som förnekar mig inför människorna ska också jag förneka inför min Far i himlen.”[322]

”Om vi uthärdar, så ska vi också regera med honom. Om vi förnekar honom, så ska han också förneka oss.”[323]

Var och en som kan läsa och förstå barnböcker, borde också förstå vad ovanstående bibelställen klart och tydligt säger. Kristna som förnekar sin tro på Jesus, då de utsätts för förföljelse, kommer inte att få livets krona, utan istället drabbas av den andra döden. Den andra döden är detsamma som den brinnande sjön, som alla som går evigt förlorade kommer att hamna i.[324] Jesus kommer vid sin återkomst i härlighet att förneka var och en som har skämts för honom och för hans ord inför dem som inte tror.[325] Han kommer inte att kännas vid att de tillhör honom, vilket dock inte behöver innebära att de aldrig tillhört honom.[326] Den tidiga kyrkan lärde nämligen också att kristna kan förlora sin frälsning, genom att förneka sin tro på Jesus under förföljelse:

321 Irenaeus (ca. år 180), Ante Nicene Fathers vol. 1, s. 525. Citerad på s. 581 i A DICTIONARY OF. Egen översättning till svenska.
322 Matt. 10:32f,
323 2 Tim. 2:12, Svenska Reformationsbibeln 2016.
324 Upp. 20:14f.
325 Mark. 8:38.
326 Luk. 13:27; Joh. 15:6,10.

"Hela den förflutna tiden ni har trott kommer inte att gynna er alls, såvida vi inte i denna onda tid också motstår de kommande saker som kan bli till fara."[327]

"De avfälliga och kyrkans förrädare har smädat Herren genom sina synder. Vidare har de skämts för Herrens namn, genom vilket de kallades. Därför gick dessa personer i slutändan förlorade."[328]

"Han som inte har förnekat sig själv, utan förnekat Kristus, kommer att uppleva uttalandet, "Jag kommer också att förneka honom."[329]

Församlingsdisciplin i syfte att förebygga att församlingsmedlemmar går förlorade

"Vidare, om din broder syndar mot dig, så gå och tillrättavisa honom enskilt mellan dig och honom. Om han lyssnar på dig, så har du vunnit din broder. Men om han inte lyssnar till dig, så ta med dig en eller två till, för att var sak ska avgöras efter två eller tre vittnens ord. Och om han inte lyssnar till dem, så säg det till församlingen. Och om han inte lyssnar till församlingen, ska han vara för dig som en hedning och tullindrivare."[330]

De verser som föregår detta stycke innehåller Jesu liknelse om en herde med hundra får, varav ett går vilse. Herden lämnar genast de nittionio fåren, som inte gått vilse, för att så snabbt som möjligt hitta det vilsegångna fåret. Då han hittar det gläder han sig mer över det än över dem som inte hade gått vilse. Jesus avslutar liknelsen med att konstatera att det inte är Faderns vilja att någon som tror på

---

327 Barnabas (ca. 70–130), Ante Nicene Fathers vol. 1, s. 139. Citerad på s. 586 i A DICTIONARY OF. Egen översättning till svenska.

328 Hermas Herden (ca. år 150), Ante Nicene Fathers vol. 2, s. 41. Citerad på s. 586 i A DICTIONARY OF. Egen översättning till svenska.

329 Origenes, (ca år 245), Ante Nicene Fathers vol. 9, s. 464. Citerad på s. 588 i A DICTIONARY OF. Egen översättning till svenska.

330 Matt. 18:15-17, SRB 2016.

Jesus ska gå förlorad.[331] Utifrån kontexten förstår man alltså att Jesu undervisning om församlingsdisciplin i Matt. 18:15-17 handlar om att förebygga att personer som tror på honom, men som kommit vilse genom att börja praktisera synd, riskerar att gå förlorade. Att Jesus talar om personer som verkligen är kristna framgår också av hans användning av ordet "broder," om den som har syndat. På andra ställen i Matteus evangelium används detta ord om dem som ingår i Guds familj.[332] Med tanke på att Jesus säger att den broder som har syndat mot en annan ska ställas inför församlingen, efter de två första stegen i processen att föra vederbörande till omvändelse, är det uppenbart att båda är sanna kristna och ingår i församlingen. Den kalvinistiska läran att den som börjar leva i synd utan att omvända sig aldrig var en sann kristen från början strider emot såväl Jesu undervisning som emot andra bibelställen som har med församlingsdisciplin att göra. Ett av de ställen som tydligast motbevisar kalvinisternas resonemang är Jak. 5:19-20:

"Bröder, om någon av er kommer bort från sanningen och någon omvänder honom, så ska han veta, att den som omvänder en syndare från hans villoväg frälser en själ från döden och skyler över en mängd av synder."

Jakob skriver detta till sanna kristna, det vill säga kristna som blivit födda på nytt.[333] Tidigare i brevet har han understrukit att det finns en risk att synden på nytt får grepp om en kristen, om man låter syndfulla begär styra sig så att man börjar praktisera synd. Gör man detta så kommer man till slut att dö (andligen). Jakob kan omöjligen tala om den fysiska döden eftersom alla kristna kommer att drabbas av den, såvida man inte lever då Jesus kommer tillbaka. Nej, istället

---

331 Jämför Matt. 18:6 och Matt. 18:14.
332 Matt. 5:22-24; 12:48-50; 23:8; 25:40.
333 Jak. 1:18.

menar han att de som börjar leva i synd, det vill säga olydnad av Herrens bud, kommer att drabbas av först andlig och till sist evig död. Denna förståelse av Jakobs undervisning är också i överensstämmelse med Jesu undervisning i Upp. 2:10f:

"Frukta inte för något av det du ska få utstå. Se, djävulen ska kasta några av er i fängelse, för att ni ska sättas på prov och under tio dagar kommer ni att utstå lidande. Var trofast intill döden, så ska jag ge dig livets krona. Den som har öra må höra vad Anden säger till församlingarna. Den som segrar ska inte skadas av den andra döden."

Notera likheterna mellan Jesu ordval och Jakobs ordval. I Jak. 1:12 står det att den som uthärdar prövningen ska få livets krona, medan Jesus säger att det är den som är trofast intill döden som ska få livets krona. De, däremot, som inte segrar genom att bestå sitt prov, kommer att drabbas av den andra döden, det vill säga den brinnande sjön.[334] Enligt Jakob kommer de som inte består sitt prov, genom att på nytt börja praktisera synd, att dö. Detta är helt i harmoni med andra texter i Nya Testamentet, till och med i Paulus skrifter. Dessa har ofta använts för att bevisa att de som blivit frälsta genom tro på Jesu död och uppståndelse inte kan avfalla genom synd i sina liv och så gå förlorade.[335] I Gal. 6:7f skriver emellertid Paulus följande:

"Låt er inte bli vilseförda. Gud driver man inte med, för vad en människa sår, det ska hon också skörda. För den som sår i sitt kött ska av köttet skörda förgängelse, men den som sår i Anden ska av Anden skörda evigt liv."

Notera vad Paulus ställer upp som motsatser:

---

334 Upp. 20:14.
335 Exempelvis Rom. 8:29-39 och Ef. 1:13f används som stöd för denna lära.

Kött – Anden, förgängelse – evigt liv.

Paulus ord är helt i överensstämmelse med Jakobs ord i Jak. 1:13-15. De kristna som på nytt börjar leva i köttet, genom att låta syndfulla begär driva dem till synd, kommer att gå miste om det eviga livet. Paulus skrev också dessa ord till församlingen i Rom:

"Därför, bröder, står vi inte i skuld till köttet, så att vi ska leva efter köttet. För om ni lever efter köttet ska ni dö. Men om ni dödar kroppens gärningar genom Anden, så ska ni leva."

Dessa ord är skrivna till pånyttfödda kristna, som genom tron och dopet dött bort ifrån sina gamla liv i synd, och uppstått med Kristus för att leva ett nytt liv i trons lydnad gentemot Kristus.[336] Paulus var dock främmande för kalvinisternas lära att en pånyttfödd kristen omöjligen skulle kunna bli en syndens tjänare på nytt, och till slut förlora sin frälsning, vilket framgår av detta och många andra ställen i hans brev.[337] Även mot denna bakgrund i Paulus undervisning är det uppenbart att Jakob i Jak. 5:19-20 menar att det finns en verklig risk att kristna bröder, som kommer bort från sanningen genom falsk lära och/eller synd, verkligen riskerar att drabbas av först andlig och till slut evig död. Därför ska församlingsdisciplin i enlighet med Jesu undervisning i Matt. 18:15-17 tillämpas då någon i församlingen inte lever rätt på en eller flera områden.

Många kommer att avfalla från tron och leva i laglöshet

"Då ska de utlämna er till att plågas och döda er, och ni ska bli hatade av alla för mitt namns skull. Och då ska många komma på

---

336 Rom. 1:5–12; 6:3–8.
337 Se exempelvis Rom. 6:12-22; 1 Kor. 6:15-20; 10:1–14; Gal. 5:1–4; Ef. 4:22-32; Kol. 3:23-25; 1 Tess. 3:5; 1 Tim. 6:10-14.

fall och de ska förråda varandra och hata varandra. Och många falska profeter ska träda fram och bedra många. Och därför att ondskan tilltar, ska kärleken kallna hos många. Men den som håller ut till slutet, han ska bli frälst. Och detta evangelium om riket ska bli predikat i hela världen till ett vittnesbörd för alla folk, och sedan ska slutet komma. "[338]

I sitt tal om den yttersta tiden ger Jesus sina lärjungar många varningar om vad som väntar under tiden fram till hans återkomst. Under hela kyrkans historia har den varit angripen såväl utifrån - genom förföljelse, som inifrån – genom män (och kvinnor) som predikar falska läror. Det är till och med så att kristna har så grundligen avfallit från Jesus och kärleken till andra trossyskon att de har hatat, hånat och bokstavligen dödat andra kristna. Detta var fallet under bland annat reformationstiden på 1500-talet, då från början sanna och överlåtna reformatorer avföll från att konsekvent hålla sig till Bibelns ord. För att undkomma förföljelse från de katolska myndigheterna, sökte de skydd hos vissa furstar, som ville ha mer inflytande över kyrkan och dess egendomar, vilket gjorde dessa öppna för läror om att den Romersk-katolska kyrkan var avfallen och hade för stor makt. Tack vare skydd från furstendömen och deras arméer kunde Luther, Zwingli och andra reformatorer sprida sina läror. De kunde dock inte upprätta församlingar som var oberoende av staten och som endast bestod av människor som var villiga att lära sig att lyda allt som Jesus har befallt.[339] Politikerna och andra mäktiga människor vare sig kunde eller ville lyda befallningar som att inte samla skatter åt sig på jorden, älska sina fiender, inte svära eder och så vidare. Därför kom man på teorier för att bortförklara Jesu undervisning i Bergspredikan och istället hävda att man kan vara en god kristen samtidigt som man dödar sina fiender i krig, lever i lyx, inte konsekvent talar sanning utan

---

338 Matt. 24:9–14.
339 Matt. 28:19.

använder eder då man ska styrka att man verkligen talar sanning och så vidare.

Jesus undervisar att många som en gång varit kärleksfulla kristna kommer att kallna i sin kärlek till Jesus och till andra trossyskon, till den grad att de börjar hata dem och leva i laglöshet. Jesus säger att de som älskar honom håller hans bud.[340] Det är orimligt att Jesus skulle ha talat om personer som aldrig tillhört honom då han talar om att kärleken ska kallna hos många. Aposteln Johannes skriver att det är de som övergått från döden till livet genom den nya födelsen som verkligen kan älska andra som tillhör Gud.[341] Kärleken till Gud och kärleken till sina bröder och systrar i tron utgör två sidor av samma mynt.[342] Det är dock fullt möjligt att lämna den kärlek till Gud och sina trossyskon som man en gång hade.[343]

Jesus betonar i sin undervisning i Matteus kap. 24 att var och en som vill bli funnen av honom i frid[344] behöver förbli i en sann tro på honom ända tills han kommer tillbaka. De kristnas tro behöver sättas på prov eftersom Gud vill ha evig gemenskap med dem som förblir i en kärleksfull relation med honom hela livet. Den sanna tron och kärleken till Jesus innebär att man tror allt som utgår från hans mun, och lever i enlighet med hans undervisning i sitt liv. Hans viktigaste bud är att vi ska älska varandra, såsom han har älskat oss och gett sitt liv för oss.[345] Kärleken till våra syskon i tron tar sig uttryck i att vi betjänar varandra med vår tid och andliga utrustning (nådegåvor), leder dem som syndar till omvändelse, hjälper varandra med kroppsliga behov, ber för varandra etc. Endast de

---

340 Joh. 14:21,23.
341 1 Joh. 3:14; 4:7; 5:1.
342 1 Joh. 2:9–11; 4:20; 5:2.
343 1 Joh. 3:16-17, 23–24; 4:11-12, 16.
344 2 Petr. 3:14.
345 Joh. 13:34; 1 Joh. 3:16.

116

kristna vilkas liv har kännetecknats av goda gärningar kommer att få ärva det eviga livet.[346]

Utvalda verser om att kristna kan förlora sin frälsning från resten av Nya Testamentet

Bröder, jag vill påminna er om evangeliet som jag predikade för er, som ni tog emot och som ni står fasta i. Genom evangeliet blir ni frälsta, om ni håller fast vid ordet som jag förkunnade. Annars var det ingen mening med att ni kom till tro.[347]

Denna bibeltext är svår att missförstå. Paulus skriver uttryckligen att det inte var någon mening med att människorna i församlingen i Korint hade kommit till tro, om de inte håller fast vid det sanna evangeliet. Han skriver inte till människor som aldrig hade haft en sann tro, utan till sådana som hade tvättats rena, blivit helgade och förklarats rättfärdiga genom tron på Jesus Kristus.[348] Ändå skriver han att det inte var någon mening med att de hade blivit frälsta, om de inte höll fast vid evangeliet. Det innebär onekligen att pånyttfödda kristna kan avfalla från tron och gå förlorade. Om det händer var det ingen mening med att de kom till tro. Denna text saknar dock helt mening om det vore sant att en pånyttfödd kristen inte kan avfalla och gå förlorad.

Lyssna! Jag, Paulus, säger er att om ni låter omskära er, kommer inte Kristus att vara till någon hjälp för er. Jag försäkrar er igen: var och en som låter omskära sig är skyldig att hålla hela lagen. Ni har kommit bort från Kristus, ni som försöker bli rättfärdiga genom lagen. Ni har fallit ur nåden.[349]

---

346 Matt. 25:34–40; Joh. 5:28f.
347 1 Kor. 15:1f.
348 1 Kor. 6:11.
349 Gal. 5:2ff.

Även denna text är svår att missförstå. I kontexten varnar Paulus skarpt för de villolärare som försökte få de hednakristna i Galatien att tro att det var nödvändigt för dem att omskära sig och hålla diverse gammaltestamentliga lagar.[350] Återigen skriver Paulus till sanna kristna, som hade tagit emot den Helige Ande genom tron.[351] Ändå skriver han att de, sedan de börjat hålla sig till Mose lag, hade "fallit ur nåden." Det innebär att de inte längre befinner sig i ett frälst tillstånd och, om de dör utan att ha vänt om från villfarelsen, går de förlorade. I vår tid är det också angeläget att varna för liknande villolärare, som försöker få kristna att tro att de måste hålla sabbaten, avstå från att äta griskött, och så vidare, för att bli frälsta.

Bedra inte er själva, Gud lurar man inte: det människan sår ska hon också skörda. Den som sår i sitt kött får av köttet skörda undergång, men den som sår i Anden får av Anden skörda evigt liv.

Denna text, som vi redan behandlat, står också i Galaterbrevet, precis som föregående behandlade text. Vi har redan konstaterat att det brevet är skrivet till pånyttfödda kristna. Ändå riktar Paulus denna skarpa förmaning till dem. Det är alltså möjligt även för pånyttfödda kristna att börja vandra i köttet, det vill säga följa sina syndfulla begär och impulser, istället för att vandra i Anden och leva i helgelse. Om man börjar leva i synd igen, efter att man blivit frälst, kommer man inte ärva det eviga livet, utan gå evigt förlorad, enligt apostelns otvetydiga ord.

Också ni, som en gång var främmande och fientliga till sinnet genom era onda gärningar, också er har han nu försonat med sig genom att lida döden i sin jordiska kropp. Han vill föra fram er heliga, fläckfria och oantastliga inför honom, om ni verkligen står

---

350 Se till exempel Gal. 4:9ff.
351 Gal. 3:2,14.

118

fasta och grundade i tron och inte låter er rubbas från hoppet i det evangelium som ni har hört och som har predikats för allt skapat under himlen och som jag, Paulus, har blivit satt att tjäna.[352]

Återigen skriver Paulus utan tvekan till pånyttfödda kristna i, som hade varit döda i sina överträdelser och synder, men gjorts levande genom tron på Jesus Kristus.[353] Han tar dock inte för givet att de kristna i Kolosse skulle förbli i tron och bli frälsta till slut. Därför manar han dem att stå fasta och grundade i tron och inte låta sig rubbas från hoppet i evangeliet. Notera också det lilla, men mycket betydelsefulla ordet "om." Det är bara "om" de kristna i Kolosse håller fast vid evangeliet som Kristus kommer att föra fram dem "heliga, fläckfria och oantastliga." Paulus hade inte skrivit ordet "om," ifall det inte hade funnits någon verklig risk att de kristna i Kolosse skulle avfalla från tron och gå förlorade.

Redan när vi var hos er sade vi er i förväg att vi skulle få lida, och så har det också gått som ni vet. Det var därför som jag, när jag inte längre stod ut, sände bud för att få veta hur det var med er tro. Kanske hade frestaren frestat er och vårt arbete varit förgäves?[354]

Paulus lärde de som kom till tro på evangeliet att de skulle få lida förföljelse på grund av sin tro på Jesus. Det var inte fråga om "om," utan "när," eftersom det är en andlig naturlag att "var och en som gör det onda hatar ljuset."[355] Därför hatar de människor som älskar sina synder de kristna, eftersom dessa är ljusets barn som, genom sina liv och sin förkunnelse, manar de ogudaktiga till omvändelse. Om man som kristen står upp för sanningen, måste man räkna med att drabbas av mycket motstånd från världens barn. Paulus skrev

---

352 Kol. 1:21ff.
353 Kol. 2:13.
354 1 Thess. 3:4f.
355 Joh. 3:20.

detta till pånyttfödda kristna, som han kallar utvalda.[356] Ändå tog han det inte för givet att de skulle bli frälsta till slut, eftersom han skriver han var rädd för att Satan hade frestat dem, genom de lidanden de fick gå igenom, till den grad att de hade lämnat tron. Paulus trodde definitivt inte på kalvinismens lära om de heligas (säkra) ståndaktighet i tron.

Ingen som blir frestad ska säga: "Det är Gud som frestar mig." Gud frestas inte av det onda och frestar inte heller någon. Var och en som frestas dras och lockas av sitt eget begär. När sedan begäret har blivit havande föder det synd, och när synden är fullmogen föder den död. Bedra inte er själva, mina älskade bröder.[357]

Jakob skrev detta förmanande budskap till "bröder," som hade blivit födda på nytt genom sanningens ord.[358] De är alltså utan tvekan sanna kristna, som förts från död till liv. Ändå låter Jakob dem förstå att det finns en verklig risk att de på nytt dör, om de börjar ta det lätt med frestelser till synd. Den död han syftar på måste vara den andliga och/eller eviga döden. Alla kristna, som inte lever då Jesus kommer tillbaka, drabbas ju av sina kroppars död. En pånyttfödd kristen går förstås inte från andligt liv till andlig död över en natt, utan detta bibelställe beskriver en process, från det att man börjar ge efter för frestelser till synd, tills att man inte längre ångrar och bekänner sin synd, utan tillåter sig att leva i den. Först i det läget dör man andligen.

Om de har lärt känna vår Herre och Frälsare Jesus Kristus och kommit undan världens smitta men sedan återigen låter sig snärjas och besegras av den, då blir slutet värre för dem än början. Det hade varit bättre för dem att aldrig ha lärt känna rättfärdighetens väg än att lära känna den och sedan vända sig bort från det heliga

---

356 1 Thess. 1:4f.
357 Jak. 1:13-16.
358 Jak. 1:18.

120

budskap som anförtrotts dem. Det har gått med dem som det så sant heter i ordspråket: Hunden vänder om till sin spya, och tvättat svin vältrar sig i smutsen.[359]

Även detta bibelställe lär tydligt att pånyttfödda kristna kan avfalla från tron och det nya liv i rättfärdighet som de påbörjat efter att ha tagit emot evangeliet. Hur är det annars möjligt att återigen snärjas och besegras av världen smitta, om man aldrig kommit ur den från början? Hur kan man vända sig bort från Guds ord och rättfärdighetens väg, om man aldrig tagit emot sanningen och börjat vandra den smala vägen? Den enkla läsningen av texten stödjer alltså läran att pånyttfödda kristna kan avfalla och gå förlorade. Detta är oerhört allvarligt, eftersom man då kommer drabbas av en ännu hårdare dom än om man aldrig hade blivit kristen överhuvudtaget!

Och skriv till ängeln för församlingen i Sardes: Så säger han som har Guds sju andar och de sju stjärnorna: Jag känner dina gärningar. Du har namn om dig att du lever, men du är död. Vakna upp och stärk det som är kvar och som var nära att dö, för jag har inte funnit dina gärningar fullkomliga inför min Gud. Kom därför ihåg vad du har tagit emot och hört, håll fast vid det och vänd om. Om du inte håller dig vaken ska jag komma som en tjuv, och du ska inte veta vilken stund jag kommer över dig. Men du har några få i Sardes som inte har smutsat ner sina kläder, och de ska vandra med mig i vita kläder, för de är värdiga. Den som segrar ska alltså bli klädd i vita kläder, och jag ska aldrig stryka hans namn ur livets bok utan kännas vid hans namn inför min Far och hans änglar.[360]

Detta är en av de klaraste texterna om att pånyttfödda kristna verkligen kan gå förlorade. Notera att personer i församlingen i

---

359 2 Petr. 2:20ff.
360 Upp. 3:1–5.

Sardes, som hade tagit emot Guds ord och blivit andligt levande, får denna varning. Jesus uppenbarar att det endast finns några få i församlingen som inte har smutsat ner sina kläder. Vad menar han med det? Senare i samma bok talas det om vad dessa kläder är, nämligen "de heligas rättfärdiga gärningar."[361] De personer i Församlingen i Sardes som hade smutsat ner sina kläder, måste förstås ha haft rena kläder från början. De hade alltså tidigare blivit rena genom Lammets blod och börjat leva i rättfärdighet.

Det är befängt att tala om personer som smutsat ner sina kläder, alltså sin rättfärdiga ställning inför Gud, om de aldrig hade blivit rättfärdiggjorda från början. Jesus riktar alltså varningen till personer som blivit frälsta. Vad säger han? Jo, att de ska hålla fast vid det de tidigare tagit emot och vända om. En pånyttfödd kristen får alltså inte automatisk förlåtelse för alla synder man begår efter att man blivit frälst. Om man inte omvänder sig, efter att man syndat som kristen, riskerar man att få sitt namn struket ur Livets bok. Då Jesus talar om att den som segrar aldrig ska få sitt namn struket ur Livets bok, innebär det förstås att personer som har haft sina namn i Livets bok, alltså har varit frälsta, kan få sina namn strukna ur boken och på så vis förlora sin frälsning.

Kapitel 5 – Hur ska vi förstå de "kalvinistiska" bibeltexterna?

I denna boks inledning konstaterades att det finns ett antal verser och stycken i Bibeln som kalvinister brukar använda sig av för att "bevisa" att deras lära om ovillkorlig utkorelse av vissa individer

---

361 Upp. 19:8, enligt Reformationsbibeln 2016. I Folkbibeln står det "de heligas rättfärdighet."

till frälsning är sann. I de föregående kapitlen har vi fokuserat på att se efter om kalvinismens lära är i överensstämmelse med vad Bibeln säger om bland annat fri vilja, omvändelse och tro, Guds karaktär och om en kristen kan förlora sin frälsning. Det är nämligen viktigt att förstå Bibelns helhetsbudskap för att rätt förstå enskilda bibeltexter. Enskilda bibeltexter motsäger aldrig summan av Guds ord, även om det vid en första anblick kan se ut som att de gör det.[362]

Mot denna bakgrund ska vi nu se närmare på några av de texter som kalvinister stödjer sina läror på. Texter ur Paulus brev och Johannesevangeliet utgör det främsta "bevismaterialet" som kalvinister använder sig av för att hävda sanningen i sina läror. Vi bör dock komma ihåg Petrus ord om att det finns en del saker i Paulus brev som är svåra att förstå, som en del människor förvränger till sitt eget fördärv.[363] Många har använt texter och verser i Paulus brev för att hävda att människan inte alls bidrar till sin egen frälsning. Man menar att människans fria vilja är bunden och att ingen kan välja att tro på sanningen. Allt som händer är istället förutbestämt av Gud, i synnerhet vilka individer som ska få gåvan att kunna tro evangeliet och bli frälsta. De som använder Paulus lära om utkorelse till sitt eget fördärv kan till exempel utgöra personer som tror att de själva är bland de utvalda, som omöjligen kan förlora frälsningen och bli förtappade. Sådana personer kan börja tillåta sig själv att ta det lätt med en eller flera synder, vilket leder till att de på nytt dör andligen och går förlorade.[364]

---

362 Ps. 119:160.
363 2 Petr. 3:16.
364 Gal. 6:7f; Hebr. 10:26-29; Jak. 1:13-16 m.fl. Detta innebär absolut inte att alla eller ens många kalvinister tar det lätt med synden i sina liv.

Romarbrevet 9

Detta är förmodligen det kapitel som kalvinister oftast hänvisar till för att försvara sin lära om ovillkorlig predestination av alla människor till antingen evigt liv eller evig förtappelse.[365] Därför ska vi ta oss an en djupare behandling av Romarbrevet 9. Vid en första läsning kan man helt klart få intrycket att flera saker i kapitlet faktiskt stödjer deras sak. Det står bland annat, i verserna 11–13, att Gud utvalde Jakob istället för Esau innan de ens var födda, och innan de hade gjort vare sig gott eller något ont. I verserna 15 till 18 står det dessutom att Gud är barmhärtig mot vem han vill, förhärdar vem han vill och att det inte beror på någon människas vilja eller strävan utan på Guds barmhärtighet. Verserna 19–23 beskriver att ingen människa kan stå emot Guds vilja, och att Gud, likt en krukmakare, formar vissa till att bli kärl han ska förstöra i sin vrede, medan andra formas till kärl han bereder för härligheten. Vi tror dock inte att Bibeln motsäger sig själv och därför ska vi gå till botten med vad Paulus egentligen lär i Romarbrevet 9.

Man kan inte rycka loss Romarbrevet 9 och basera ett helt teologiskt system på ett antal verser i detta kapitel. Istället behöver vi förstå vad Paulus skriver i detta kapitel i dess helhet, tillsammans med Paulus hela genomgång av förhållandet mellan otroende judar och troende hedningar i hela den del av Romarbrevet som kapitlet ingår i.[366] Vi bör också förstå kapitlet i ljuset av resten av Romarbrevet, samt i förlängningen i ljuset av resten av Nya Testamentet. Det är nödvändigt att gå tillväga på detta sätt eftersom våra läror alltid måste gå ihop med vad summan av Guds ord lär. Paulus inleder kapitel 9 och 10 av Romarbrevet med att uttrycka en

---

365 Läsarna av denna bok uppmuntras att noggrant läsa kapitlen 9–11 innan man läser vidare.

366 Denna del av Romarbrevet omfattar även kapitlen 10 och 11. Bibeln skrevs inte med någon kapitelindelning och därför behandlas ibland samma tema i mer än ett kapitel. Kapitelindelningen gjordes först i början av 1200-talet.

124

mycket stor bedrövelse över det faktum att så få av hans judiska landsmän hade tagit emot Jesus som sin utlovade Messias, alltså sin smorde Konung. Han uttrycker sig väldigt dramatiskt då han i Rom. 9:3 skriver att han önskar att han själv vore fördömd och skild från Kristus istället för sina judiska landsmän! Paulus kärlek till dem var uppenbarligen mycket stor och det är svårt att tänka sig att denna kärlek kom ifrån hans kött och inte från Gud. I Rom. 10:1 skriver dessutom Paulus att han ber om frälsning för sina otroende judiska landsmän, vilket också är märkligt om han i själva verket lärde att de är förutbestämda att gå förlorade.

Paulus övriga lära och liv går inte heller ihop med synen att han trodde på determinism, det vill säga att allt som händer är förutbestämt. I Rom. 11:13f förklarar han att han sätter sitt ämbete som apostel för hedningarna högt, eftersom han fortfarande har hopp om att även fler judar ska komma till Kristus. Genom sin tjänst för evangeliet bland hedningarna vill nämligen Paulus göra sina judiska landsmän avundsjuka på att hedningarna omvänder sig till Gud, och så göra dem villiga att vända om och ta emot Jesus som Messias. I 1 Kor. 9:19-22 beskriver Paulus vilka personliga åtaganden han gör för att inte i onödan väcka anstöt bland olika typer av människor, vilka han försöker nå med evangeliet. Han skriver uttryckligen att han gör dessa saker i syfte att vinna fler. Det verkar som att Paulus verkligen trodde att hans tillvägagångssätt vid evangelisation kunde påverka om människor kom till tro och blev frälsta, eller inte. I 1 Kor. 9:23 skriver han dessutom att han gör på detta sätt för att han själv ska få del av evangeliet. Detta påminner om 1 Tim. 4:16, där Paulus förmanar Timoteus att ge akt på sig själv och troget undervisa Guds ord. Genom att göra så frälser han nämligen både sig själv och dem som tar del av undervisningen. Om någon predikar Guds ord, men inte själv lever i enlighet med vad han lär ut, kommer de som tar del av undervisningen inte vilja ta emot den. Paulus trodde alltså att dem som predikar Guds ord bokstavligen kan påverka hur många som kommer till tro och blir bevarade i ett frälst tillstånd, vilket är väldigt svårt att få att gå ihop med att Gud redan har förutbestämt exakt vilka individer som kommer att bli frälsta.

Romarbrevet 9–11 handlar om anledningen till att Gud hade förkastat de flesta judar, och är redo att låta dem bli fördömda för evigt, medan han låtit en stor andel hedningar få bli del av sitt egendomsfolk Israel. En viktig anledning till att Paulus skrev Romarbrevet var att det rådde konflikter mellan de judekristna och de hednakristna i Rom.[367] Dispyten verkar bland annat ha handlat om huruvida hednakristna var skyldiga att låta omskära sig och hålla regler i Mose lag, gällande till exempel sabbaten och vilken mat som är tillåten att äta.[368] Paulus främsta syfte med brevet var alltså inte att behandla frågan om människan är passiv eller inte i samband med att man kommer till tro och blir inlemmad i Guds folk. Istället utgör hans främsta syfte med brevet att bevisa att det är genom tron på Kristus som både judar och hedningar blir räknade som rättfärdiga inför Gud. Lydnad av Mose lag har ingen som helst betydelse för frälsningen.

Nyckeln till att förstå varför Gud hade förkastat de flesta judar är att analysera Paulus egna slutsatser i Rom. 9. I verserna 30–33 skriver han att hedningarna har fått ta del av rättfärdigheten som kommer genom tron, trots att de tidigare inte hade strävat efter att bli rättfärdiga inför Gud. Judarna, däremot, hade strävat efter att genom sin lydnad gentemot Mose lag bli rättfärdiga inför Gud. Det är mot denna bakgrund vi ska förstå vad Paulus menar i Rom. 9:16 med att det inte beror på någon människas vilja eller strävan, utan på Guds barmhärtighet. Gud har bestämt att frälsa världen genom

---

367 Rom. 1:16; 2:9–29.
368 Rom. 4:1–12; 14:1-15:13

sin Sons död på korset, som ett syndoffer för alla människor.[369] Alla människor har syndat och därför kan ingen bli rättfärdig inför Gud genom lydnad av Lagens bud, eftersom man måste hålla Lagen till punkt och pricka för att inte bli fördömd.[370] Det spelar ingen roll hur mycket man vill hålla Mose lag och strävar efter att lyda alla dess bud, eftersom det endast är genom Jesu offer för världens synd som man genom tron på honom kan stå rättfärdig inför Gud.[371] I sin stora kärlek har Gud öppnat en dörr för alla som syndat att kunna bli renade från alla sina synder och bli förklarade rättfärdiga inför honom. Villkoret är att man förkastar Lagens väg till frälsning och, likt publikanen i templet, ödmjukar sig inför Gud och ber honom om nåd och förlåtelse tack vare Jesu försoningsverk på korset.[372]

Vilka var det Jesus kom för att frälsa från deras synder? Svar: Han kom för att frälsa sitt folk från deras synder.[373] Jesu folk var de förlorade fåren av Israels hus.[374] För att förstå vad detta innebär behöver vi bara tänka på de välbekanta orden från Jesaja 53: "Vi gick alla vilse som får, var och en gick sin egen väg, men all vår skuld lade Herren på honom."[375] Jesus kom inte för att frälsa en liten utvald skara, utan för att friköpa var och en som står under Lagens förbannelse och, likt får, kommit bort från Gud till följd av sina synder. Jesus var visserligen till att börja med sänd till de förlorade fåren av Israels hus, det vill säga till judarna. Guds vilja och plan var dock hela tiden att han även skulle vara hela världens ljus och bli till frälsning intill jordens yttersta gräns.[376] Därför

---

369 Jes. 53:6; Joh. 1:29; Rom. 3:23-26; 2 Kor. 5:19-21; 1 Tim. 2:5f; Hebr. 2:9; 1 Joh. 2:2.
370 Gal. 3:10.
371 Apg. 13:38f; Rom. 3:21-28; 5:1 m.fl.
372 Luk. 18:9–14; Apg. 13:38f.
373 Matt. 1:21
374 Matt. 15:24
375 Jes. 53:6, SFB 98.
376 Jes. 49:5f; Joh. 8:12; 12:32.

profeterade Johannes döparen om Jesus och sa: "Se Guds lamm, som tar bort världens synd!"[377]

Gud menar allvar med sin inbjudan till alla människor att omvända sig från sina synder och få del av syndernas förlåtelse genom tron på Jesus Kristus. Han har inte bakom kulisserna förutbestämt att bara vissa ska kunna tro och få del av hans nåd, medan alla andra ska gå evigt förlorade. Gud själv blir besviken och upprörd över att människor förkastar hans ord och vägrar omvända sig till honom, trots att han försöker föra dem till omvändelse.[378] Gud är ingen lögnare, utan han vill på riktigt att alla människor ska bli frälsta och komma till insikt om sanningen.[379] Anledningen till att så många inte blir frälsta är inte att Gud förutbestämde att de skulle gå förlorade, utan att de med sin fria vilja valde att stå emot sanningen, det vill säga Guds kallelse till omvändelse och frälsning genom Jesus Kristus.[380]

Flera andra texter i Romarbrevet uppenbarar att Romarbrevet 9 inte kan tala om en ovillkorlig utkorelse av alla individer av människosläktet under historien till antingen evigt liv eller evig fördömelse. Ett par av dessa är:

Eller föraktar du hans rika godhet, mildhet och tålamod? Förstår du inte att Guds godhet vill föra dig till omvändelse? Med ditt hårda och envisa hjärta samlar du på dig vrede till vredens dag, då Guds rättfärdiga dom ska uppenbaras.[381]

Enligt denna text strävar Gud i sin godhet efter att föra människor till omvändelse, men dessa förhärdar sig mot honom och vägrar

<hr>

377 Joh. 1:29, SRB 2016.
378 Rom. 10:21 (citat från Jes. 65:2); Matt. 23:37; Jes. 5:1–7; Mk. 3:5 m.fl.
379 1 Tim. 2:4; 2 Petr. 3:9.
380 Matt. 11:20-24; 12:38-42; 21:28-32; 22:2–8; Luk. 7:29f; Joh. 5:33-47; Apg. 7:51; 13:46; 2 Thess. 2:10ff; Upp. 2:21 m.fl.
381 Rom. 2:4f.

omvända sig. Därigenom samlar de på sig ännu mer vrede och kommer att drabbas av en desto hårdare dom på den yttersta dagen. Så var fallet med till exempel de skriftlärda.[382] Det är omöjligt att förklara hur personer som Gud ovillkorligen förutbestämt skulle bli förtappade, ändå undfått Guds "godhet, mildhet och tålamod," och att Gud i sin godhet försökt föra dem till omvändelse. Varför försöker Gud föra dem, som han förutbestämt ska gå förlorade, till omvändelse? Texten säger uttryckligen att de som står emot Guds försök att omvända dem, ådrar sig desto mer vrede. Enligt kalvinismen är det dock omöjligt för icke-pånyttfödda människor att gensvara på Guds kallelse till omvändelse. Alltså låter kalvinismens gud personer drabbas av en hårdare vredesdom för att de försummar att göra något som de omöjligen kan göra! Detta strider helt emot den goda karaktär vi i kapitel 2, av denna bok, har sett att Gud har.

Vad säger den då? Ordet är nära dig, i din mun och i ditt hjärta, alltså trons ord som vi predikar. För om du med din mun bekänner att Jesus är Herren och i ditt hjärta tror att Gud har uppväckt honom från de döda, ska du bli frälst. Med hjärtat tror man och blir rättfärdig, med munnen bekänner man och blir frälst. Skriften säger: Ingen som tror på honom ska stå där med skam. Här är ingen skillnad mellan jude och grek. Alla har samme Herre, och han ger av sin rikedom till alla som åkallar honom. Var och en som åkallar Herrens namn ska bli frälst.[383]

Paulus skriver i kontexten om att det är genom Kristus som var och en som tror blir rättfärdig och inte genom lydnad av Mose lag. Möjligheten att bli frälst genom tron på Jesus är inte begränsad till en exklusivt utvald skara individer, eftersom Gud inte är partisk.[384]

---

382 Matt. 12:38-42; Luk. 20:46f.
383 Rom. 10:8–13.
384 Rom. 2:11.

Erbjudandet om frälsning, genom tron på Jesu försoningsverk på korset, riktas till alla människor, utan undantag. Det är därför det står att "var och en som åkallar Herrens namn ska blir frälst." Därför ska också alla folk få höra budskapet om omvändelse och syndernas förlåtelse, vilket gäller alla människor.[385] Vilka var/är det då som inte får del av frälsningen? De som Gud förutbestämt inte ska få bli frälsta? Nej, det är de som inte tror som blir fördömda.[386] Det står klart och tydligt att Gud bröt bort många judar från deras del i Guds folk till följd av deras otro. Han gjorde det alltså på grund av att han hade förutbestämt deras fördömelse.[387] De hade nämligen fortfarande chansen att bli frälsta och bli en del av Israel, om de inte blev kvar i sin otro.[388]

Jag frågar nu: De har väl inte snubblat för att de skulle falla? Verkligen inte! Men genom deras fall har frälsningen kommit till hedningarna, för att väcka deras avund. Och om deras fall innebar rikedom för världen och deras fåtalighet rikedom för hedningarna, hur mycket mer ska då inte deras fulla antal bli det? Och till er hedningar säger jag: som hedningarnas apostel sätter jag mitt ämbete högt, i hopp om att väcka mina landsmäns avund och frälsa några av dem. [389]

Här talar Paulus om de otroende judarna. Gud hade inte förutbestämt deras otro för att de skulle falla, det vill säga för att han ville fördöma dem. Istället var det så att han valde att använda dem i deras självvalda otro för att se till att Jesus led döden på korset för mänsklighetens synd.[390] Sedan budskapet om försoningen av världens synd, genom apostlarnas förkunnelse, nått många folk och

---

385 Luk. 24:47; Apg. 17:30.
386 Mark. 16:16; Joh. 3:18,36; 8:24; Apg. 13:46; 1 Joh. 5:10ff, m. fl.
387 Rom. 11:20.
388 Rom. 11:23.
389 Rom. 11:11f.
390 Apg. 2:22f.

fört många hedningar in i Guds älskade Sons rike, ville Gud därigenom göra judarna avundsjuka. Detta i syfte att få så många av dem som möjligt att inse sin synd och ta emot frälsningen genom tron på Jesus.

Vad innebär då det som står i Romarbrevet 9:11-13, om att Gud utvalde Jakob och inte Esau innan de ens var födda, och att Gud till och med hatade Esau, men älskade Jakob? Förutbestämde Gud på ett godtyckligt sätt att han skulle hata Esau som individ och sända honom till helvetet, medan han utvalde Jakob till att få evigt liv? Faktum är att Paulus här inte alls talar om individuell utkorelse till frälsning, utan om vem av dessa båda bröder som skulle bli stamfader för Israels folk, och för Messias, som skulle bli till välsignelse för alla folk.[391] Jakob hade inte gjort något för att förtjäna Guds utkorelse till detta uppdrag. Han var ju en bedragare, som med list hade stulit sin brors rättmätiga förstfödslorätt. Gud hade dock redan förutbestämt att han skulle bli stamfader till Israels folk.

Meningen "Jakob älskade jag, men Esau hatade jag" kommer inte från berättelsen i 1 Moseboken, utan från Malaki 1:2–3. Av kontexten i Malaki 1 framgår det att tydligt att Gud talar om de folk som var ättlingar till Jakob respektive Esau, alltså israeliterna och edomiterna (Edom). Israels folk hade utvalts till att vara Guds folk, medan edomiterna räknades som hedningar. Detta innebär givetvis inte att varje individ i Israels folk hade förutbestämts till att få evigt liv, medan varje edomit skulle bli förtappad. Gud är inte partisk, utan tar emot var och en som fruktar och tjänar honom, oavsett vilket folk han tillhör.[392]

---

391 1 Mos. 25:21–26; 28:10–15.
392 Apg. 10:34f.

Vad innebär då Romarbrevet 9:16, som talar om att det inte beror på någon människas vilja eller strävan, utan på Guds barmhärtighet? Menar Paulus att människans vilja inte alls förmår gensvara på Guds kallelse till omvändelse? Nej, det Paulus behandlar i detta kapitel är inte i vilken utsträckning människors fria vilja är aktiv eller passiv i samband med deras omvändelse. Romarbrevet 9 behandlar istället frågan hur det kommer sig att många av de som var biologiska ättlingar till Abraham inte längre ingår i Guds folk, medan många hedningar istället fått bli en del av Guds folk. Paulus slutsats är att detta beror på att majoriteten av judarna inte lydde (trodde) evangeliet, utan strävade efter att bli rättfärdiga inför Gud genom att hålla Mose lag.[393] De hedningar, däremot, som hade kommit till tro, hade inte strävat efter att bli rättfärdiga genom lagen. Dessa hade istället av hjärtat tagit emot evangeliet i tro, och fått del av frälsningen endast av nåd. På detta sätt hade de blivit rättfärdiga inför Gud, utan någon vilja eller strävan efter att bli det genom att hålla lagen.

Men, Rom. 9:18 säger ju att Gud är barmhärtig mot vem han vill, och förhärdar vem han vill. Det stödjer väl ändå kalvinismens lära att det endast är Gud som väljer vilka som blir frälsta och vilka som han låter gå förlorade? Ja, det är enligt denna vers helt sant att Gud bestämmer vilka som blir frälsta respektive förtappade. Det som denna vers emellertid inte säger är att Gud gör detta slumpmässigt och/eller ovillkorligen. Det är istället så att Gud förhärdar dem som redan har förhärdat sig själva och absolut inte vill ta emot sanningen och bli frälsta.[394] Så kommer fallet bland annat vara med de människor som i den allra sista tiden före Jesu återkomst kommer

---

393 Rom. 10:1–3,16.

394 Så var fallet med Farao, som Paulus nämner som exempel i Rom. 9:17. Enligt 2 Mos. 8:15 och 8:32 var det Farao själv som aktivt förhärdade sitt hjärta så att han vägrade att släppa israeliterna ur Egypten. Först från och med den sjätte plågan (2 Mos. 9:12), börjar det anges att Gud förhärdade Farao.

att tillbe Antikrist och bli fördömda. Enligt 2 Thess. 2:9–12 framgår det nämligen att Gud sänder en kraftig villfarelse över de människor som, vid tidpunkten för Antikrists ankomst, inte har tagit emot kärleken till sanningen, för att kunna bli frälsta. Gud straffar alltså dessa människor för att de inte har tagit emot sanningen, något som är omöjligt att förstå om vi tror på kalvinismens lära att det faktiskt är Gud som bestämt att dessa inte ska få möjlighet att få den pånyttfödande nåd de behöver för att kunna ta emot sanningen. Vad Gud har bestämt är att de som inte vill tro sanningen ska bli fördömda.[395] De, däremot, som är ödmjuka inför honom och fruktar hans ord, låter han i sin barmhärtighet få del av nåden genom Jesus Kristus.[396]

Hur ska vi då förstå Romarbrevet 9:20-24, som handlar om hur Gud formar vissa människor till kärl som han visar barmhärtighet, medan andraformas till kärl som kommer att drabbas av hans vrede? Stödjer det kalvinismens lära om dubbel predestination av alla människor till antingen evigt liv eller evigt straff? Nej, för att rätt förstå den liknelse Paulus använder behöver vi studera det ställe i Skriften som den är hämtad ifrån.

Detta ord kom till Jeremia från Herren. Han sade: "Res dig och gå ner till krukmakarens hus. Där ska jag låta dig höra mina ord." Då gick jag ner till krukmakarens hus och såg att han arbetade på drejskivan. Och kärlet som han höll på att göra av leran misslyckades i hans hand. Då började han om och gjorde det till ett annat kärl, så som han ville ha det. Och Herrens ord kom till mig. Han sade: "Kan jag inte göra med er, ni av Israels hus, så som den krukmakaren gör? säger Herren. Som leran i krukmakarens hand,

---

395 Joh. 3:18,36; Rom. 9:33; 1 Petr. 2:8 m.fl. Och till er hedningar säger jag: som hedningarnas apostel sätter jag mitt ämbete högt, 14 i hopp om att väcka mina landsmäns avund och frälsa några av dem.
396 Jes. 57:15; 66:2; Luk. 18:13f; Jak. 4:6ff; 1 Petr. 5:5

så är ni i min hand, Israels hus. Ena gången talar jag om ett folk och ett rike att jag tänker rycka upp, bryta ner och förgöra det. Men om folket som jag talat om vänder om från sin ondska, ångrar jag det onda som jag hade tänkt göra mot dem. En annan gång talar jag om ett folk och ett rike att jag tänker bygga upp och plantera det. Men om de då gör det som är ont i mina ögon och inte hör min röst, då ångrar jag det goda som jag hade sagt att jag skulle göra mot dem.[397]

Denna text bevisar att Gud inte ovillkorligen ger människor antingen barmhärtighet eller straff. De som räknas som förstörda kärl har blivit sådana kärl till följd av sina egna synder och olydnad av Guds ord, medan de som utgör goda kärl har blivit sådana genom att de vänder om från alla sina synder och lever enligt Guds vilja. Notera också att texten i första hand talar om Israel som nation, som genom sitt uppror mot Gud har blivit ett odugligt kärl, som han i sin vrede bereder till att förstöras. Detta stödjer också synen att Paulus i Romarbrevet 9 i första hand talar om judarna som nation, som Gud till största delen förkastat för deras otros skull. Han argumenterar således inte för någon ovillkorlig utkorelse av individer till antingen frälsning eller förtappelse. I enlighet med Guds ord finns det alltid möjlighet till omvändelse för såväl hela folk som individer.[398] Hur ska vi, exempelvis, tänka om de båda bröderna Kain och Abel? Blev Abel räknad som rättfärdig eftersom Gud i förväg hade bestämt att han skulle göra honom rättfärdig, medan han hade bestämt att Kain skulle vara ogudaktig och tömma sin vrede över honom? Nej, Guds klara ord säger att Abel blev erkänd som rättfärdig på grund av att han i tro bar fram ett bättre

---

397 Jer. 18:1–10.
398 Hes. 33:11–16; Jona 3:4–10.

offer åt Gud än Kain, och på grund av att han gjorde det som var gott.[399]

Barmhärtighetens kärl utgörs alltså av dem som fruktar Gud och tar avstånd från all synd. Enligt 2 Tim. 2:19-22 består Guds hus av såväl goda som dåliga kärl. Det är emellertid inte förutbestämt vilka individer som ingår i dessa båda kategorier, utan varje människa har möjlighet att påverka vilken kategori hon tillhör. Paulus skriver nämligen i vers 21 att om någon renar sig från dessa [alltså från de dåliga kärlen, vers 20], så blir han ett hedervärt kärl, som är till nytta för Gud genom att vara redo att göra allt gott verk.[400] I vers 22 förklarar Paulus för Timoteus hur han ska förbli ett gott kärl:

Fly ungdomens onda begär och sträva efter rättfärdighet, tro, kärlek och frid tillsammans med dem som åkallar Herren av rent hjärta.

Detta påminner om Ps. 119:63, där psalmisten nämner att han sluter sig till alla som lever i lydnad av Herrens bud. Var och en av oss är i stånd att välja sanningens smala väg, som leder till det eviga livet, eller välja att istället följa våra syndfulla begär och gå förlorade.

Romarbrevet 9 ger alltså inte stöd åt kalvinismens villolära att Gud ovillkorligen förutbestämt precis vilka individer som ska bli frälsta och vilka som ska bli förtappade. Undervisningen i detta kapitel, liksom resten av Romarbrevet, uppenbarar istället att det är vår egna tro respektive otro som kommer att fördöma oss eller ge oss del av det eviga livet. De som i nuläget utgör vredens kärl, kan genom tro och omvändelse istället bli goda kärl, som Gud kan använda i sin tjänst, medan de som tagit emot Guds nåd kan lämna sanningens smala väg genom synd och/eller otro och gå förlorade.

---

399 Hebr. 11:4; 1 Joh. 3:12.
400 Jämför 1 Kor. 15:33f

Johannes 6:37-44

Alla som Fadern ger mig kommer till mig, och den som kommer till mig ska jag aldrig visa bort. Jag har inte kommit ner från himlen för att göra min egen vilja, utan hans vilja som har sänt mig. Och detta är hans vilja som har sänt mig: att jag inte ska förlora någon enda av alla dem som han har gett mig, utan låta dem uppstå på den yttersta dagen. Ja, detta är min Fars vilja: att var och en som ser Sonen och tror på honom ska ha evigt liv, och jag ska låta honom uppstå på den yttersta dagen." Judarna började klaga över att han hade sagt: "Jag är brödet som kommit ner från himlen." De sade: "Den här Jesus, är inte han Josefs son? Känner inte vi hans far och mor? Hur kan han då säga: Jag har kommit ner från himlen?" Jesus svarade: "Sluta klaga sinsemellan. Ingen kan komma till mig om inte Fadern som har sänt mig drar honom, och jag ska låta honom uppstå på den yttersta dagen.

Vilka är det egentligen som Fadern drar och ger till Jesus? Bestämmer Gud vilka som blir frälsta helt utan att ta hänsyn till något han ser i dem, eller något de gör? I detta kapitel i Johannes evangelium, talar Jesus med en grupp judar som hade sett ett av hans mycket mäktiga under. I början av kapitlet återges hur de får se honom förvandla fem kornbröd och två fiskar till mat åt 5000 män, förutom kvinnor och barn! Efter att ha sett detta under förstod de att Jesus är den store Profeten, som Gud genom Mose hade förutsagt skulle komma.[401] Nu ville dessa judar göra honom till en jordisk kung, som för alltid skulle befria dem från romarnas grepp om landet, och se till att de alltid hade det de behövde för att få sina kroppsligs behov tillgodosedda.[402] Jesus visste att de dock inte hade blivit andligen väckta, genom att inse att de behövde få sina synder förlåtna och få det rätt ställt med Gud. Av en berättelse i Johannes

---

401 5 Mos. 18:15-18.
402 Joh. 6:15.

2.23-25 får vi veta att en del judar trodde på Jesus på grund av de under de såg honom utföra. Jesus, som är sann Gud, kunde dock se in i deras hjärtan och se att de inte hade rätt sorts tro. De var inte ödmjuka och förkrossade över sina synder, som Petrus blev under sin första tid som lärjunge till Jesus då han fick se honom göra ett stort under.[403]

Folket som Jesus talade med i Johannes 6 hade inte förstått att det de verkligen behövde var att äta av det sanna brödet från himlen, för att få del av det eviga livet. Jesus sa till dem: *Arbeta inte för den mat som tar slut, utan för den mat som består och ger evigt liv och som Människosonen ska ge er.*[404] Varför gav Jesus dem denna uppmaning om det var omöjligt för dem att ta emot Guds ord och bli frälsta? Det är uppenbart att Jesus ville väcka dem och få dem att inse sitt andliga behov att undfå det eviga livet. Även av Johannes 6:45, alltså versen direkt efter den vers som kalvinister brukar använda för att stödja sin lära, framgår det att Gud inte har ovillkorligen förutbestämt vilka som kommer till tro och blir frälsta:

Det står skrivet hos profeterna: De ska alla ha blivit undervisade av Gud. Var och en som har lyssnat till Fadern och lärt av honom kommer till mig.

Fadern drar alltså de personer till Jesus som börjat lyssna till Fadern och lära av honom, vilket indikerar att de förmår göra detta av egen fri vilja. De, däremot, som inte kommer till Jesus i tro, är de som inte har tagit emot Guds ord och förblivit i sanningen.[405] Detta stämmer också väl överens med Jesu ord i Johannes 7 om att den som vill göra Guds vilja ska förstå om hans lära verkligen kommer från Gud, eller om han talar av sig själv. Jesu sanna lärjungar är de

---

403 Luk. 5:4–8.
404 Joh. 6:27.
405 Joh. 5:37f.

som har tagit emot Jesu ord och håller hans bud. Jesus säger att det är på grund av att de gör detta som Fadern älskar dem och, tillsammans med Sonen, tar han därför sin boning i dem.[406] I Matt. 11:25 kan vi läsa om hur Jesus prisar Fader för att han har uppenbarat sanningen om sin Son för dem som är ödmjuka, likt små barn, medan han dolt denna sanning för de visa och kloka. Gud utväljer alltså dem som är ödmjuka och ger dem sin nåd,[407] medan de stolta och självrättfärdiga inte blir frälsta eftersom de inte vill komma till Jesus för att få liv.[408]

Jesus uppmanar var och en som arbetar och bär på tunga bördor att komma till honom för att få vila.[409] Han vill alltså att alla som står under Mose lags tunga ok, och kämpar för att bli rättfärdiga genom sina gärningar, att ödmjuka sig inför honom och i tro ta emot den rättfärdighet som han vill ge dem av nåd.[410] Guds plan och vilja var att frälsa alla de förlorade fåren av Israels hus genom Jesus Kristus.[411] Detta innebär att han ville att de alla skulle vända om från alla sina synder och i tro ta emot Jesus som Messias. Därför sände Gud profeten Johannes Döparen, för att förbereda dem för att ta emot Jesus som Messias. Denne förkunnade att de måste ångra och bekänna sina synder, samt låta döpa sig till syndernas förlåtelse.[412] De flesta av de stolta och självrättfärdiga fariseerna och laglärda förkastade emellertid Guds plan och vilja och lät sig inte döpas av Johannes.[413] Detta faktum uppenbarar mycket tydligt att Guds vilja inte alltid sker, och att människor, som Gud vill föra till omvändelse, ofta inte blir frälsta till följd av att de står emot

---

406 Joh. 8:31-32, 51; 14:23.
407 Luk. 18:13f; 1 Petr. 5:5 m.fl.
408 Matt. 9:13; Joh. 5:40,44.
409 Matt. 11:28, jämför Upp. 22:17.
410 Rom. 10:1–4.
411 Matt. 1:21; 15:24; Luk. 19:9f.
412 Luk. 3:3–18.
413 Luk. 7:30.

138

hans vilja- Det beror alltså inte på att Gud bestämt att de ska gå förlorade. De som blir fördömda är de som förkastar Jesus och hans ord.[414]

En annan vers i kontexten i Johannes 6 som talar emot den kalvinistiska tolkningen av verserna 37–44 i samma kapitel är vers 51:

Jag är det levande brödet som har kommit ner från himlen. Den som äter av det brödet ska leva i evighet. Och brödet som jag ger är mitt kött, för att världen ska leva.

Jesus själv säger alltså klart och tydligt att han ger sitt kött, "för att världen ska leva genom honom." Världen betyder inte endast några utvalda, utan alla människor.[415] Detta blir tydligt av att Jesus i samma evangelium förklarar att en av Andens viktiga uppgifter är att överbevisa *världen* om synd. Varför? Jo, för att Gud genom Anden och lagens överbevisning om synd vill föra alla människor till omvändelse.[416] Då Jesus i Johannes 12 talar om sin nära förestående upphöjelse från jorden, det vill säga sin korsfästelse, säger han att han i samband med den ska dra alla människor till sig.[417] Samma budskap finner vi genom resten av Johannesevangeliet, till exempel i inledningen:

I begynnelsen var Ordet, och Ordet var hos Gud, och Ordet var Gud. Han var i begynnelsen hos Gud. Allt blev till genom honom, och utan honom blev ingenting till av det som är till. I honom var liv, och livet var människornas ljus. Och ljuset lyser i mörkret, och mörkret har inte övervunnit det. Det kom en man, sänd av Gud. Hans namn var Johannes. Han kom som ett vittne för att vittna om

---

414 Joh. 12:48; 15:22.
415 Jes. 53:6; 2 Kor. 5:19; 1 Tim. 2:6; Hebr. 2:9; 2 Petr. 2:1; 2 Joh. 2:2 m.fl.
416 Apg. 7:51; 17:30f; Rom. 3:19f.
417 Joh. 12:32.

ljuset, för att alla skulle komma till tro genom honom. Själv var han inte ljuset, men han kom för att vittna om ljuset. Det sanna ljuset, som ger ljus åt alla människor, skulle nu komma in i världen. Han var i världen och världen hade blivit till genom honom, men världen kände honom inte.

Denna välkända text uppenbarar klart och tydligt att Jesus är Gud Sonen, som har skapat allt. En annan sak som denna text uppenbarar är att Gud Fadern sände sin Son för att ge alla människor ljus. Sonen har skapat allt, vilket såklart inkluderar alla människor. Alla människor har emellertid, genom synden, kommit bort från Gud och hamnat under mörkrets herravälde.[418] Ingen av oss kan rädda sig själv ur detta tillstånd och därför har Gud i sin stora kärlek till alla människor sänt Jesus för att frälsa oss och föra oss in i sitt rike av ljus. Notera att Joh. 1:9 uttryckligen säger att det sanna ljuset, det vill säga Jesus, ger ljus åt alla människor. I verserna 6–7 står det dessutom, om Johannes Döparen, att han hade sänts av Gud för att vara ett vittne för ljuset, "för att **alla** skulle tro genom honom." Vad var syftet med att alla skulle tro genom Johannes? Jo, att de skulle bli Guds barn och ha evigt liv genom honom.[419] Johannes skriver alltså i inledningen av sitt evangelium att Gud har skapat alla människor genom Sonen, och att han sänt samma son för att ge ljus åt alla människor och föra dem till tro så att de kan bli frälsta. Guds ord säger inte emot sig själv och även av den anledningen kan inte Joh. 6:37-44 tala om att Gud ovillkorligen frälser vissa, men inte andra.

Om det verkligen vore sant att Gud ovillkorligen förutbestämmer vilka som ska gå förlorade, blir dessutom många av Jesu liknelser obegripliga. Ett exempel är liknelsen om den obarmhärtige tjänaren i Lukas 12:42-48. Jesu slutsats av liknelsen är att de som har mycket

---

418 Matt. 12:29; Joh. 8:34; Apg. 26:18; Kol. 1:13; 1 Joh. 5:19 m.fl.
419 Joh. 1:12; 20:31.

kunskap om Guds ord och hans vilja för hur de ska leva, men ändå behandlar andra kristna illa, kommer att få ett desto hårdare straff på domens dag än de som hade lite kunskap om Guds ord och vilja.[420] Hur kan sådana människor, som enligt kalvinismen aldrig tillhörde de utvalda, straffas desto hårdare för att de försummar att göra det som de inte kunde göra i och med att de inte var utvalda, nämligen leva i lydnad av Guds ord? Kalvinismens teologi gör Gud till en grym tyrann, som straffar människor för att de inte gör det som de inte är i stånd att utföra, likt Farao gjorde med sina israelitiska slavar![421]

Efesierbrevet 1:3–14

Välsignad är vår Herre Jesu Kristi Gud och Far, som i Kristus har välsignat oss med all andlig välsignelse i himlen! Han har utvalt oss i honom före världens skapelse till att vara heliga och fläckfria inför honom. I kärlek har han förutbestämt oss till barnaskap hos honom genom Jesus Kristus, efter sin goda viljas beslut, till ära och pris för den nåd som han har skänkt oss i den Älskade. I honom är vi friköpta genom hans blod och har förlåtelse för våra synder, tack vare den rika nåd som han lät flöda över oss med all vishet och insikt. Han har låtit oss få veta sin viljas hemlighet enligt det beslut han har fattat i Kristus, den plan som skulle genomföras när tiden var inne: att sammanfatta allt i himlen och på jorden i Kristus. I honom har vi också fått vårt arv, förutbestämda till det av honom som utför allt efter sin viljas beslut, för att vi som först har satt vårt hopp till Kristus ska bli till hans ära och pris. I honom har också ni, när ni hörde sanningens ord, evangeliet om er frälsning, i honom har också ni, när ni kom till tro, fått den utlovade helige Ande som ett sigill. Anden är ett förskott som garanterar vårt arv, att hans eget folk ska befrias, till hans ära och pris.

---

420 Jämför med Hebr. 10:26-29 och 2 Petr. 2:20-22.
421 2 Mos. 5:6–18.

Denna text kan vid en första anblick tyckas stödja kalvinismens lära att Gud har förutbestämt vilka individer som ska bli frälsta. Många har blivit övertygade om att kalvinismen är sann genom Paulus undervisning om utkorelse, predestination och Guds suveränitet. Vi har dock redan sett att Romarbrevet 9 inte stödjer kalvinismen. Därför kan inte heller Efesierbrevet 1 göra det, eftersom Guds ord inte säger emot sig själv.

Ännu en gång måste vi påminna oss om att vi alltid behöver fortsätta läsa, för att förstå olika texter i ljuset viktiga saker i den bibelbok de ingår i.[422] En viktig frågeställning i Efesierbrevet är på vilken grund såväl judar som hedningar får ingå i Guds utvalda egendomsfolk.[423] Paulus understryker att han och de andra apostlarna har fått uppenbarelse av Anden om Kristi hemlighet, som tidigare inte varit känd.[424] Denna hemlighet handlar om att alla människor, såväl judar som hedningar, har samma rätt att genom tron på Kristus får ingå i Guds egendomsfolk. Det var Guds bestämda plan, redan före världens grund var lagd, att göra människor av alla jordens folk till sitt eget folk, som formas till hans Sons likhet.[425] Gud har dock inte förutbestämt vilka individer som ska få ingå i hans egendomsfolk. Frågan huruvida människan är helt passiv i samband med sin omvändelse är alltså inte heller detta brevs tema. Senare i brevet gör Paulus det klart att erbjudandet om frälsning gäller alla människor, eftersom Jesus genom offret av sin kropp och sitt blod har försonat såväl judar som hedningar med

---

422 I synnerhet kapitlen 1–3 i Efesierbrevet utgör en enhet.
423 Ef. 2:11-18.
424 Ef. 3:4f.
425 Rom. 8:29f; Ef. 1:4; 2:10; 5:27; Upp. 5:9

Gud.[426] Villkoret för att få del av frälsningen är att man nalkas Gud genom tron på den korsfäste och uppståndne Kristus.[427]

För att förstå om Paulus i Efesierbrevet 1:3–14 argumenterar för den kalvinistiska läran om ovillkorlig utkorelse till frälsning, eller inte, behöver vi också närmare analysera vad han säger och inte säger. Texten säger inte att Gud ovillkorligen har utvalt vilka individer som ska få bli frälsta. Den säger inte heller att det är Gud som har fött de utvalda på nytt, så att de tror på Jesus. En nyckel för att förstå vad Paulus talar om är verserna 13 och 14. Där står det att de som har hört och trott evangeliet har fått den helige Ande.[428] Gud behövde alltså inte först ge dem Anden för att de skulle kunna tro, utan han gav dem Anden efter att de hade hört och trott på evangeliet om frälsningen genom Jesus Kristus. Gud ger Anden åt dem som lyssnar i tro på evangeliet.[429] Kalvinister hävdar att det istället helt och hållet är Andens pånyttfödande verk som gör att de utvalda börjar tro.

Det är visserligen sant att man inte kommer till en frälsande tro på evangeliet utan Andens överbevisning om synd, rättfärdighet och dom, genom förkunnelsen av Guds ord.[430] Guds ord säger emellertid ingenstans att det är omöjligt för icke-pånyttfödda människor att antingen gensvara på Guds ord i tro, eller stå emot Guds försök att föra dem till omvändelse. Det står inte heller någonstans i Bibeln att Gud först måste föda en människa på nytt för att hon överhuvudtaget ska kunna ta emot evangeliets budskap

---

426 Ef. 2:16, jämför Rom. 5:18; 2 Kor. 5:19; Kol. 1:19f; 1 Tim. 2:6.

427 Ef. 1:13f; 3:12. Tankarna i stycket är till stor del hämtade från det andra kapitlet i boken The Mystery of Christ Revealed, av G.E. Smock, 2009.

428 Grundtexten använder ackusativparticip för verben "höra" och "tro". Denna verbform indikerar att efesierna först trodde evangeliet, varpå Gud som gensvar gav dem Anden (födde dem på nytt).

429 Gal. 3:2,14.

430 Joh. 6:63; 16:8; Apg. 16:14; Rom. 3:19f 1 Thess. 1:4ff.

i tro. Om man hävdar detta får man problem med oerhört många ställen i Skriften som beskriver människor som, utan att ha blivit födda på nytt genom tron och dopet, hade en äkta tro på Jesus och/eller på Guds ord. Evangelierna är fulla av sådana exempel.[431] Ett av de tydligaste exemplen som visar att Jesus sökte efter tro hos människor, och till och med kunde bli förvånad över hur stark tro vissa människor hade, finner vi i berättelsen om Jesu möte med en romersk officer vars tjänare låg förlamad i svåra plågor.[432] Den romerske officeren hade så stark tro på Jesu förmåga att hela hans tjänare att han bad honom att endast säga ett ord på avstånd för att bota tjänaren, utan att gå in i hans hus. Sedan läser vi:

När Jesus hörde detta, blev han förundrad och sade till dem som följde honom: "Jag säger er sanningen: Inte hos någon i Israel har jag funnit en så stark tro. Och jag säger er: Många ska komma från öster och väster och ligga till bords med Abraham och Isak och Jakob i himmelriket. Men rikets barn ska kastas ut i mörkret utanför. Där ska man gråta och gnissla tänder."

Notera att Jesus förundrade sig över officerens tro, och att många människor (med en sådan tro) från jordens alla hörn skulle få del av det eviga livet i Himmelriket. Officeren hade alltså en frälsande tro på Jesus. Om kalvinismen vore sann, måste Gud ha gett denna frälsande tro åt officeren. Det blir i så fall svårt, för att inte säga omöjligt, att förklara hur Jesus kunde bli förvånad över officerens starka tro. Han måste ju ha vetat att det var han Fader som gav officeren tro! På ett annat ställe står det att Jesus förundrade sig över människors otro.[433] Detta är ännu svårare att förklara om man antar att kalvinismen är sann. Jesus måste ju ha vetat att de andligt

---

431 Till exempel Matt. 8:5–13; 9:27ff; 15:22-28; Mk. 2:1–5; 5:25-34; 10:46-52; Luk. 1:30-38; 7:36-50; Joh. 9:35-38.
432 Denna berättelse behandlas även i kapitel 2 av denna bok.
433 Mk. 6:6

döda människorna inte kunde göra något annat än att inte tro. I samband med att han kommer (tillbaka) kommer Jesus också att söka efter tro hos människorna på jorden. Han ställer sig nämligen frågan om han kommer att finna tro på jorden när han kommer.[434] Också det är ett märkligt uttalande om det vore sant att det helt och hållet är Gud som gör så att människor tror.

En annan sak som är värd att påpeka, när det gäller frågan om Anden föder en människa på nytt för att hon överhuvudtaget ska kunna tro, eller om Anden ges åt dem som tror och låter döpa sig,[435] är att Petrus, inför judarnas stora råd, Apg. 5:32 säger, *Vi är vittnen till detta,* [alltså till Jesu uppståndelse] *vi och den helige Ande som Gud har gett till dem som lyder honom.* Enligt denna vers ges alltså Anden åt de människor som lyder Gud, vilket inte stödjer den kalvinistiska läran att pånyttfödelsen av Anden måste äga rum innan man överhuvudtaget kan tro och omvända sig till Gud. Petrus ord om att Anden ges åt dem som lyder Gud bör förstås i ljuset av vad som hände i Jerusalem på pingstdagen, då 3000 människor blev frälsta. Petrus lät de andligt väckta judarna förstå vad de behövde göra för att får det rätt ställt med Gud: *Omvänd er och låt er alla döpas i Jesu Kristi namn, så att era synder blir förlåtna. Då får ni den helige Ande som gåva. ... Med många andra ord vittnade han och vädjade till dem: "Låt er frälsas från det här bortvända släktet!" De som tog emot hans ord döptes, och antalet lärjungar ökade den dagen med omkring tre tusen.[436]* De som har överbevisats om synd och som, genom tron, tar emot Guds ord och kallelse till omvändelse, samt låter döpa sig, får den helige Ande som gåva. På detta sätt blir de födda på nytt. Det är alltså inte Gud

---

434 Luk. 18:8.

435 Enligt den apostoliska tron blev dem som trodde, och hade omvänt sig från sina synder, födda på nytt genom dopet (Joh. 3:5; Rom. 6:3–5; Gal. 3:26f; Kol. 2:11f; Tit. 3:5.

436 Apg. 2:38,40f.

som först föder människor på nytt och gör så att de börjar tro och omvända sig.

Utvalda i Kristus

På flera ställen i Efesierbrevet 1 talas det om de troende som är "i Kristus," eller "i honom." Dessa har till exempel utvalts "i honom,"[437] "i honom" har de blivit friköpta och fått del av syndernas förlåtelse genom hans blod,[438] "i honom" har de fått sitt arv.[439] Denna formulering utgör nyckeln till att förstå ämnet predestination på rätt sätt. Kalvinister har i texten läst in sin lära att Gud förutbestämt vilka individer som ska få komma till tro och bli frälsta. Texten säger alltså inte att Gud har förutbestämt vilka personer som ska få vara i Kristus. Vad som är förutbestämt är att de som, genom tron och dopet, är i Kristus, ska bli lika honom och få ärva det eviga livet.[440] Jesus Kristus själv är Guds Utvalde,[441] som är arvtagaren till Guds rikes ofattbara härlighet.[442] Alla som är i honom är därför också utvalda och arvtagare till det rike som varit berett för dem alltsedan världens skapelse.[443] Därför förutbestämde Gud att hans Son skulle bli slaktad för att kunna rädda var och en som tror från syndens makt. Det står dock ingenstans att Gud förutbestämde vilka som skulle få del av frälsningen. Om frälsningen enbart berodde på Guds vilja skulle alla bli frälsta, eftersom han vill allas frälsning.[444]

---

437 Ef. 1:4.

438 Ef. 1:7.

439 Ef. 1:11.

440 Rom. 8:29f.

441 Jes. 42:1; Luk. 9:35; 23:35; 1 Petr. 2:4,6 m.fl.

442 Rom. 8:17

443 Matt. 25:34.

444 1 Tim. 2:4.

Förutsättningen för att man ska bli bevarad i Kristus, och få ärva det eviga livet med honom, är att man förblir i tron hela livet.[445] Det står vare sig i Efesierbrevet 1 eller någon annanstans i Skriften att Gud har förutbestämt vilka dessa, som förblir i tron intill slutet, är. Sanningen är att var och en som tror på Jesus, den utvalde och dyrbare hörnstenen, inte ska komma på skam.[446] Genom tron på Guds Utvalde, blir man alltså själv en del av hans utvalda folk. Låt oss använda en liknelse (som inte är perfekt) för att bättre förstå Bibelns lära om predestination:

En ägare av ett stort bussbolag i det fattiga Bulgarien har bestämt att alla fattiga som vill ska få åka med hans bussar på en enkelresa till det rika landet Tyskland. Där ska de få börja ett nytt liv. Det är alltså förutbestämt att alla som före en viss deadline har anmält att de vill åka med någon av bussarna, och tagit sig till platsen för avresan, kommer att få åka med till Tyskland. De utvalda, som får åka med på resan, är de som har gensvarat på inbjudan att få göra en gratisresa från det fattiga Bulgarien till det rika Tyskland, för att leva ett bättre liv där. Det är dock inte i förväg bestämt precis vilka dessa individer kommer att vara. På liknande sätt är det med predestinationen till det eviga livet enligt Bibeln. Alla som blir funna i Kristus då de dör, eller då han kommer tillbaka till jorden på den yttersta dagen, är förutbestämda att få leva för evigt i hans rike. Det är emellertid inte förutbestämt vilka dessa individer är. Endast villkoren för att få vara bland de utvalda, som får del av det eviga livet i Himmelriket, är bestämda.

Skriften ska ju alltid förklaras med Skriften och eftersom Jesus själv är sitt folks främste lärare bör vi förstå Paulus undervisning om predestination i ljuset av Jesu undervisning i ämnet.[447] En

---

445 1 Kor. 15:1ff; Gal. 5:2–5; Kol. 1:21ff m.fl.
446 1 Petr. 2:6.
447 Matt. 17:5; 23:10; 1 Tim. 6:3; Hebr. 1:2.

perfekt liknelse av Jesus, som på allra bästa sätt förklarar Bibelns lära om utkorelsen, är Matteus 22:1–14:

Jesus talade än en gång till dem i liknelser: "Himmelriket är som en kung som höll bröllop för sin son. Han sände ut sina tjänare för att kalla de inbjudna till bröllopet, men de ville inte komma. Då sände han ut andra tjänare och befallde dem att säga till de inbjudna: Min måltid är redo, mina oxar och gödkalvar är slaktade och allt är färdigt. Kom till bröllopet! Men de brydde sig inte om det utan gick sin väg, en till sin åker, en annan till sina affärer. De andra grep hans tjänare och misshandlade och dödade dem. Då blev kungen vred och sände ut sina soldater och lät döda dessa mördare och brände ner deras stad. Sedan sade han till sina tjänare: Allt är färdigt för bröllopet, men de inbjudna var inte värdiga. Gå därför ut till vägskälen och bjud alla ni ser till bröllopet. Tjänarna gick då ut på vägarna och samlade alla de mötte, både onda och goda, och bröllopssalen fylldes med bordsgäster. När kungen kom in för att se sina gäster, fick han där syn på en man som inte var klädd i bröllopskläder. Han sade till honom: Min vän, hur kom du in hit utan bröllopskläder? Mannen teg. Då sade kungen till tjänarna: Bind honom till händer och fötter och kasta ut honom i mörkret här utanför! Där ska man gråta och gnissla tänder. Många är kallade, men få är utvalda."

Liknelsen är inte särskilt svår att förstå. Kungen som ska hålla bröllop för sin Son är Gud Fadern, som efter denna onda tidsålders slut kommer att ordna en stor bröllopsfest i Himmelriket för sin Son Jesus Kristus och hans brud, Församlingen.[448] De som är inbjudna är alla människor. De först inbjudna, som tackar nej, är majoriteten av judarna. Tjänarna som bjuder in människorna till bröllopet är Guds sändebud, till exempel profeter, apostlar och evangelister. Till följd av att de flesta judar tackar nej till inbjudan, och till följd av

---

448 Upp. 19:7ff.

deras förföljelse av apostlarna och andra kristna, uppväcks Guds vrede mot dem och han sänder romarnas soldater emot dem som belägrar, intar och förstör Jerusalem och templet år 70.[449] Efter att judarna tackat nej till inbjudan, sänder Gud ut sina tjänare till alla andra folk på jorden för att inbjuda alla människor till den eviga festen i Guds rike. Alla som tackade ja till inbjudan fick lov att komma och vara med på bröllopet. I slutet av liknelsen uppenbaras dock en viktig detalj - man måste ha rätt bröllopskläder, annars kastas man ut ur Guds rike och går evigt förlorad.[450] Bröllopskläderna symboliserar den goda frukt i form av goda gärningar och lydnad av Herrens bud, som de som trott på och följt Jesus i sina liv har burit.[451] Det är dessa som i slutändan inte bara är kallade till bröllopet, utan utvalda att till att faktiskt ingå i Himmelriket för evigt. Några saker är värda att lägga märke till:

1. Gud hade berett plats på bröllopet för alla människor, för såväl judar som greker. Jesu försoningsoffer är tillräckligt för att rena alla människor från deras synder och därför inbjuds alla till bröllopet i Himmelriket. Gud ville uppriktigt att de inbjudna skulle tacka ja till inbjudan och få del av det eviga livet.

2. Liknelsen anger tydligt orsakerna till att många av de inbjudna inte får vara med på bröllopet: De ville inte komma (v. 3), andra brydde sig inte om inbjudan på grund av att de ansåg att andra saker var viktigare (v. 5), medan en del till och med misshandlade och dödade Guds tjänare (v. 6). Jesus förklarar att anledningen till att dessa människor inte får vara med på bröllopsfesten i Himmelriket är att de inte var värdiga (v. 8). Gud hade alltså inte bakom

---

kulisserna bestämt att de trots allt inte skulle få vara med, utan av egen fri vilja gjorde de sig själva ovärdiga det eviga livet.[452]

3. De som i slutändan är de utvalda har inte slumpvis utvalts av Gud, utan de har tackat ja till inbjudan och sett till att de verkligen har rätt kläder inför festen. De utgör Jesu trogna lärjungar, som verkligen älskat honom och följt honom i sina liv och på så sätt blivit värdiga att för evigt leva med Jesus i hans rike.[453]

De som i slutändan tillhör de utvalda är således de som har sett till att göra sin kallelse och utkorelse fast,[454] genom att förbli i en nära relation med Jesus. Denna relation har burit god frukt i form av att deras liv kännetecknats av lydnad och goda gärningar, ända tills de dött, eller tills Jesus kommer tillbaka på himlens moln. Vi förstår att detta är fallet även av Jesu förklaring av liknelsen om ogräset i åkern.[455] Jesus uppenbarar att de kristna som är onda och lever i laglöshet kommer att föras bort från hans rike,[456] medan de rättfärdiga kommer att lysa som solen i sin Faders rike. De som i slutändan tillhör de utvalda räknas som rättfärdiga eftersom de verkligen följt Jesus i sina liv och gjort det som är rätt.[457] Guds utkorelse av människor till frälsning är alltså allt annat än ovillkorlig. Därför är det helt fel att använda sig av Efesierbrevet 1 för att lära att Gud har ovillkorligen har förutbestämt vilka som ska få bli frälsta för evigt.

---

452 Apg. 13:46; 2 Thess. 1:5.
453 2 Thess. 1:11f; 1 Tim. 6:11ff; Jak. 1:12; Upp. 3:4f m fl.
454 2 Petr. 1:10.
455 Matt. 13:37-43.
456 De måste någon gång i sina liv blivit födda på nytt, eftersom Jesus säger att ingen kan komma in i hans rike utan att bli född på nytt av vatten och Ande, Joh. 3:3,5.
457 Joh. 5:29; 1 Joh. 2:6; 3:7.

Kapitel 6 - Förklaring av fler verser som kalvinister använder sig av

Är alla människor syndare från födseln? – Ps. 58:4

De gudlösa är avfälliga från födseln, lögnarna far vilse ända från moderlivet.[458]

Då vi behandlar verser från Psaltaren, som är en poetisk bok, bör vi vara försiktiga med att vara dogmatiska i våra tolkningar och tillämpningar av enskilda verser. Psaltaren innehåller många bilder och kraftuttryck, som inte bör förstås bokstavligen. I Ps. 124:1–3 beskrivs exempelvis hur människor hade slukat Israels barn levande, om inte Herren hade varit med dem. Det är inte rimligt att förstå detta bokstavligen, utan det innebär att Israel hade gått under i händerna på fientliga folk, om inte Herren hade varit med dem. Ett annat klart exempel på bildspråk i Psaltaren finner vi i Ps. 7:13, där det står att Gud slipar sitt svärd och spänner sin båge då människor inte omvänder sig. Det innebär naturligtvis inte att Gud bokstavligen gör de sakerna, utan det utgör en bild för att Gud gör sig redo att döma sådana människor. På samma sätt bör vi inte förstå versen om att de gudlösa är avfälliga från födseln som en bokstavlig och helt korrekt beskrivning av alla människors tillstånd från den tidigaste barndomen. Det strider dessutom mot många andra bibelställen, om vi tolkar versen helt bokstavligt, till exempel 5 Mos. 1:39, där Gud själv säger att barn inte förstår att skilja mellan gott och ont. Hur går det ihop med att de samtidigt är lögnare som far vilse ända från moderlivet? Istället för att förstå versen bokstavligen, bör den förstås som psalmistens sätt att framhäva hur

---

458 Jämför Ps. 51:7: "Ja, med skuld är jag född och med synd blev jag till i min moders liv."

ondskefulla vissa människor är, uttryckt i form av överdrivna bilder för att klarare tydliggöra poängen.

Även om man insisterar på att versen faktiskt bör förstås bokstavligen, ger den ändå inte stöd åt kalvinismens lära om totalt syndafördärv från födseln för alla människor. Versen innehåller ingenting som tyder på att David, som skrivit psalmen, beskriver alla människors tillstånd från födseln. Det är något man måste läsa in i texten. Kontexten talar istället för att David inte beskriver alla människor, utan enbart dem som valt syndens väg, till skillnad från dem som valt att leva för Gud. I slutet av psalmen beskrivs hur de ogudaktiga får sitt straff, medan de rättfärdiga får glädja sig över Guds rättvisa dom och får lön för att de tjänat Gud under sina liv.[459] Inte ens om vi antar att versens betydelse är att alla människor är syndare från moderlivet, säger den något om huruvida människor har förmågan att gensvara på Guds kallelse till omvändelse från synden, eller om människor inte har den förmågan. Detta måste alltså besvaras med hjälp av andra bibelställen.

Är alla människors goda gärningar syndfulla i Guds ögon? – Jes. 64:6

Vi är alla orena, alla våra rättfärdiga gärningar är som en fläckad dräkt. Vi vissnar alla som löv, och som en vind sveper våra missgärningar bort oss.

Många, inte bara kalvinister, använder felaktigt denna vers ur Jesaja för att bevisa att allt människor gör, inklusive goda gärningar, är behäftade med synd, till följd av vi alla är födda totalt fördärvade och genomsyrade av synd. Därför kan vi inte ens göra något gott utan att vi syndar, till exempel genom att inte göra det goda av osjälviska motiv. Man hävdar att Gud inte alls har behag i att människor strävar efter att leva rättfärdigt inför Gud, i synnerhet

---

inte ofrälsta människor, eftersom Gud liknar människors goda gärningar vid en smutsig dräkt. Versen ingår emellertid i en omvändelsebön, som Jesaja ber å Israels folks vägnar och innehåller troligtvis hyperboliska (överdrivna) uttryckssätt, i syfte att starkt betona folkets synd inför Gud. Det bör inte förstås som en allomfattande sanning angående hur Gud ser på alla människors strävan efter att göra det goda. En broder har också påpekat att Jesaja 64 troligtvis handlar om personer bland Israels folk som hade avfallit från tron på Gud. Då man lever i otro, spelar det ingen roll hur många goda gärningar man försöker göra. Ingen av dem kan göra en ren inför Gud.

Kan ingen, som Gud inte har fött på nytt, omvända sig och börja göra goda gärningar? – Jer. 13:23

Kan en nubier förvandla sin hud eller en leopard sina fläckar? Då skulle också ni kunna göra gott, ni som har vant er att göra ont.

Denna vers används ibland av kalvinister för att stödja läran om totalt syndafördärv. Lika lite som en nubier kan ändra sin hudfärg, eller en leopard sina fläckar, lika lite kan en ofrälst människa omvända sig till Gud, menar man. Återigen tar man dock inte hänsyn till kontexten. Det finns ingenting vare sig före eller efter versen som tyder på att det är frågan om alla ofrälsta människors andliga tillstånd som behandlas. Istället går Herren Gud tillrätta med sitt folk Israel, som gång på gång vägrat att ta till sig Guds ord och att omvända från sin avgudadyrkan.[460] Gud är upprörd och besviken över hur envist folket håller fast vid sin otro och avgudadyrkan. Det är i detta sammanhang Gud använder de starka uttrycken om en nubiers hudfärg och en leopards fläckar. Det är kraftfulla uttryck för att understryka hur förhärdade folkens hjärtan

---

460 Jer. 13:8–11.

har blivit mot Guds ord. Det beskriver inte alla människors andliga tillstånd om de inte blivit födda på nytt, utan visar hur svårt det är för människor som fått höra mycket av Guds ord, men inte omvänt sig, att senare komma till omvändelse. Notera att Gud inte säger att de är födda i ett så förhärdat tillstånd, utan att de hade *vant* sig vid göra det onda.

Är det Gud som ger oss ett nytt hjärta, så att vi omvänder oss och gör hans vilja? – Hes. 36:24–27

För jag ska hämta er från folken och samla er från alla länder och föra er till ert land. Jag ska stänka rent vatten på er så att ni blir rena. Jag ska rena er från all er orenhet och från alla era avgudar. Jag ska ge er ett nytt hjärta och låta en ny ande komma in i er. Jag ska ta bort stenhjärtat ur er kropp och ge er ett hjärta av kött. Jag ska låta min Ande komma in i er och göra så att ni vandrar efter mina stadgar och håller mina lagar och följer dem.

Detta är en klar profetia ur Gamla Testamentet om vad som kommer att känneteckna Guds folk under det nya förbundets tid. Till skillnad från vad fallet var under det gamla förbundets tid, innehar Guds folk i det nya förbundet en helt annan nivå av Guds nåds kraft, som fostrar oss att leva goda och helgade liv. Guds folk har för det första fått den helige Ande som gåva, med vars hjälp vi kan döda kroppens syndiga begär och leva enligt Guds vilja.[461] Kalvinister använder dock detta bibelställe i Hesekiel för att hävda att det är Gud som gör hela verket, från början till slut, då de utvalda förs från andlig död till andligt liv, från ett liv i synd till ett liv i rättfärdighet. Människans vilja har ingen förmåga alls att samarbeta med Guds nåds kraft, utan de utvalda får av Gud oemotståndlig nåd,

---

461 Rom. 8:3-4,12-13; Gal. 5:16ff m.fl.

som tar bort stenhjärtat ur deras kött och gör att de säkert omvänder sig och förs från andlig död till andligt liv.

Är detta en rimlig förståelse av denna text? Om denna text hade varit den enda vi hade i Bibeln som beskriver hur människor blir frälsta och börjar leva i enlighet med Guds bud, hade det inte varit en orimlig tolkning. Texten betonar Guds verk i samband med att människor blir frälsta och uppfyllda av den helige Ande. Utan Guds nåds verk skulle absolut ingen människa bli omvänd och frälst. Texten säger emellertid ingenting om ifall människor kan ta emot Guds nåds verk, så att de blir frälsta, eller stå emot Guds nåd, så att de blir förhärdade och slutligen fördömda. I och med att texten inte säger något om människans eventuella handlande i samband med omvändelsen, utesluter den heller inte att människan, med sin fria vilja, kan stå emot eller ta emot Guds nåd. Några kapitel tidigare i Hesekiel läser vi detta:

Om jag säger till den ogudaktige: Du måste dö! och han sedan vänder om från sin synd och gör det som är rätt och rättfärdigt, så att den ogudaktige ger tillbaka den pant han har fått och ersätter vad han stulit och vandrar efter livets stadgar, så att han inte gör det som är orätt, då ska han sannerligen få leva och inte dö. Man ska inte komma ihåg några av de synder han har begått. Eftersom han har gjort vad som är rätt och rättfärdigt, ska han sannerligen få leva.[462]

Denna text lär helt uppenbart att syndfulla människor är i stånd att gensvara på Guds ord. Då de får höra att Guds ord säger att de kommer att dö (för evigt) till följd av sina synder, kan de bli väckta och gensvara på budskapet genom att vända om från sina synder. Om de omvänder sig, kommer Gud, i sin tur, att gensvara på detta

---

462 Hes. 33:14ff.

och ändra sitt beslut att låta dem drabbas av sin vrede över deras synder. Istället ger han dem evigt liv.

Jesu får lyssnar till hans röst och får evigt liv – Joh. 10:22-29

Nu kom tempelinvigningens högtid i Jerusalem. Det var vinter, och Jesus gick omkring i Salomos pelarhall i templet. Då omringade judarna honom och frågade: "Hur länge ska du hålla oss i ovisshet? Om du är Messias, så säg det öppet till oss!" Jesus svarade: "Jag har sagt det till er, men ni tror det inte. Gärningarna som jag gör i min Fars namn vittnar om mig. Men ni tror inte, för ni hör inte till mina får. Mina får lyssnar till min röst, och jag känner dem, och de följer mig. Jag ger dem evigt liv. De ska aldrig någonsin gå förlorade, och ingen ska rycka dem ur min hand. Min Far som gett mig dem är större än allt, och ingen kan rycka dem ur min Fars hand.

Denna text används inte bara av kalvinister, utan även av andra som menar att ingen pånyttfödd kristen kan förlora sin frälsning. Man menar att Jesus uttryckligen säger att ingen som blivit frälst, det vill säga tillhör hans får, kan gå miste om det eviga livet, eftersom Jesus säger att de aldrig någonsin ska gå förlorade. Kalvinister använder även texten för att förespråka läran att det är Gud som ger de utvalda tro, så att de följer Jesus och blir frälsta, medan de som inte tror helt enkelt inte har utvalts till att få tillhöra Jesu får. Återigen gäller det att vi vare sig läser in något i texten som inte står där, eller drar felaktiga slutsatser av vad som faktiskt står.

Jesus talar till en grupp judar som inte tror att han verkligen är Messias, trots att han har gjort så många under bland dem. Han säger till dem att de inte tror eftersom de inte tillhör hans får. Innebär det nödvändigtvis att det är Gud som måste göra så att människor tror? Nej, vad han säger är att de som verkligen tror på honom tillhör hans får. Dessa är de som lyssnar till hans röst och följer honom i sina liv. Texten säger inte att det är Gud som har gjort så att fåren lyssnar till Jesus och följer honom. Varför har Jesus överhuvudtaget en konversation med dessa otroende judar? Om det hade varit omöjligt för dem att komma till tro, eftersom de inte tillhörde de utvalda, fanns det väl ingen anledning för Jesus att överhuvudtaget resonera med dem? Anledningen till att Jesus samtalar med dem är att han vill väcka dem, för att om möjligt föra några av dem till omvändelse, så att de blir hans får. Han påminner ju dem om gärningarna han har gjort ibland dem, som uppenbarar att han är Messias.

Senare i samma evangelium talar Jesus till sina lärjungar om de otroende judarna. Han förklarar att dessa inte skulle ha synd om han inte hade kommit och talat till dem, och om han inte hade gjort så mäktiga gärningar ibland dem.[463] Detta innebär rimligtvis att deras synd och otro är desto större och allvarligare i och med att de faktiskt har både hört Jesu mäktiga undervisning, och sett hans under, men ändå inte tror på honom.[464] Detta indikerar förstås att de hade kunnat omvända sig och tro på Jesus, men valde att stå emot sanningen. En viktig anledning till att så få fariséer och skriftlärda kom till tro på Jesus var att de var högmodiga och strävade efter att andra skulle se upp till dem för deras fromhets skull. Jesus säger uttryckligen att anledningen till att de inte kan tro är att de tar emot ära från varandra istället för att endast söka Guds ära.[465]

Den övriga undervisningen i Johannes 10 stödjer inte heller läran att det är omöjligt för en pånyttfödd kristen att komma bort från tron och gå miste om det eviga livet. Vi bör lägga märke till att

---

463 Joh. 15:22ff.
464 Matt. 12:38-42; Joh. 9:39ff.
465 Joh. 5:44.

Jesus säger att det är de som hör Jesu röst och följer honom som aldrig ska gå förlorade. Villkoret för att man aldrig ska gå förlorad är alltså att man verkligen bevarar Jesu ord och följer hans undervisning i sitt liv. Texten säger dessutom bara att ingen utomstående person eller andemakt kan rycka Jesu får ur Faderns hand. Jesus säger inte att det inte skulle kunna hända att ett får av egen fri vilja börjar leva i synd och/eller lämnar tron och därigenom går förlorad.[466]

Är det bara de som Gud bestämt till evigt liv som kan tro? – Apg. 13:48

När hedningarna hörde detta blev de glada och prisade Herrens ord och kom till tro, alla som var bestämda till evigt liv.

En av de svårare verserna att förklara, som definitivt kan tyckas tala för kalvinismen, är Apg. 13:48. Det verkar som att författaren, alltså Lukas, menar att de hedningar som (av Gud) var bestämda att få evigt liv kom till tro på Paulus förkunnelse i staden Antiokia i Pisidien.[467] Det var alltså Gud som gjorde så att de han i förväg bestämt skulle få evigt liv kom till tro, enligt kalvinisters tolkning av texten. Ännu en gång gäller det dock att inte läsa in saker som texten inte säger. Det står inte att Gud ovillkorligen förutbestämt vilka som skulle komma till tro och få evigt liv i Antiokia.[468] Något som vi också bör komma ihåg är att det i samma bibelbok står att Gud inte gör skillnad på människor, utan har behag till var och en

---

466 Jämför Matt. 18:12-18.

467 I dagens Turkiet. Skildringen av Paulus och Barnabas förkunnelse i Antiokia i Pisidien börjar med Apg. 13:14 och slutar med Apg. 13:50.

468 Det ord i grundtexten (τεταγμένοι) som översatts "bestämda" kan också betyda "ordna," "ställa" och "uppställa," enligt I. Heikel och A. Fridrichsen, GREKISK-SVENSK ORDBOK TILL NYA TESTAMENTET OCH DE APOSTOLISKA FÄDERNA (Bibelakademiförlaget, Svenska Bibelsällskapet 2013).

som fruktar honom.[469] Gud valde att låta den romerske officeren Cornelius (och alla i hans hus) bli den förste hedningen som fick höra evangeliet om att Jesus är Messias och världens frälsare. Anledningen till att Cornelius blev utvald var att han, redan innan han fick höra evangeliet genom Petrus, fruktade Gud och gav gåvor åt behövande bland folket.[470] Även de hedningar som Paulus förkunnade för i Antiokia i Pisidien, alltså åhörarna i denna text, var bland de hedningar som redan trodde på judarnas Gud.[471] Gud hade alltså redan i förväg sett att dessa hedningar var mottagliga för att höra evangeliet, och att de skulle gensvara på budskapet i tro.[472]

Kalvinisters förståelse av Apg. 13:48 stöds inte heller av versens omedelbara kontext. Från v. 44 i samma kapitel står det nämligen att nästan hela staden hade samlats på sabbaten för att höra Guds ord genom Paulus och Barnabas. Judarna blev då avundsjuka och började tala emot Paulus och Barnabas. Paulus svarar då med att förklara att Guds ord först behövde predikas för dem,[473] men att det därefter predikas för hedningarna. Notera att Paulus uttryckligen anger orsaken till att de otroende judarna inte blev frälsta; de stötte själva ifrån sig Guds ord och dömde[474] därmed sig själva ovärdiga det eviga livet. Deras otro berodde således inte på att Gud i förutbestämt att de inte skulle få komma till tro och bli frälsta, utan på deras eget val att förkasta evangeliet. Det är också värt att betona att det står att judarna var uppfyllda av avund,[475] vilket säkerligen berodde på deras stolthet och begär efter att andra människor skulle

---

469 Apg. 10:34f.
470 Apg. 10:1–5; jämför Apg. 16:13ff.
471 Apg. 13:16,26.
472 Jämför Apg. 18:9ff.
473 Eftersom evangeliet är Guds kraft till frälsning för judarna först, sedan också för hedningarna (Rom. 1:16).
474 Gr. κρίνετε.
475 Apg. 13:45.

159

lyssna på och ära dem själva. Jesus antyder att sådana människor inte kan tro.[476]

De hedningar i Antiokia som fruktade Gud fick av honom nåden att höra det budskap om syndernas förlåtelse, genom tron på Jesus, som ledde till deras frälsning. De blev alltså en del av Guds utvalda folk, som kommer att leva för evigt. De hade redan börjat lyssna till Fadern och därför drog han dem till sin Son, så att de genom tron på Kristus fick del av det eviga livet.[477] Givetvis behövde de förbli i tron och Guds nåd för att verkligen bli frälsta till slut.[478]

Saknar alla människor förmåga att gensvara på Guds kallelse till omvändelse? – Rom. 3:9–12

Hur är det då? Har vi någon fördel? Inte alls. Vi har ju redan anklagat alla, både judar och greker, för att stå under syndens välde. Som det står skrivet: Ingen rättfärdig finns, inte en enda. Ingen finns som förstår, ingen som söker Gud. Alla har avfallit, alla är fördärvade. Ingen finns som gör det goda, inte en enda.

Denna text används ofta för att bevisa att den första punkten av de fem är sann, nämligen läran att alla människor efter syndafallet är så fördärvade av den ärvda, syndiga, naturen att ingen av oss ens skulle kunna ha en frälsande tro på Jesus. Enda chansen för var och en av oss att komma till tro och bli frälsta är att Gud först föder oss på nytt, genom Anden, och gör oss i stånd att tro evangeliet. Detta pånyttfödande mirakel ger dock Gud endast åt de personer han utvalt till frälsning. Men, ger texten stöd åt den synen?

---

476 Joh. 5:44.
477 Jämför förklaringen av Joh. 6:37-44 i föregående kapitel av denna bok.
478 Apg. 13:43; jämför Apg. 14:22.

160

Det Paulus uppenbarligen säger är att alla människor, både judar och hedningar är syndare. Alla står, som han uttrycker det, "under syndens välde." Senare i samma kapitel finns den berömda versen som säger, "Alla har syndat och saknar härligheten från Gud."[479] Anledningen till att Paulus talar om detta i sammanhanget är att han behöver göra det klart att ingen människa kan stå rättfärdig inför Gud genom lydnad av Mose lag, vilket en del av judarna verkar ha trott.[480] I kapitel 4 tar han upp Abraham som det stora exemplet på att alla blir rättfärdiga genom tro, utan omskärelse och andra laggärningar. Han levde nämligen mer än 400 år före det att Gud, genom Mose, gav lagen på Sinai berg.[481] Abraham blev inte rättfärdig inför Gud genom att lyda lagens bud. Han kände ju inte ens till de flesta av de bud som Gud senare skulle ge Israels folk. Abraham utgör istället den stora troshjälte som Gud utvalde till att bli stamfader för sitt heliga folk och för Messias själv. Trots att det var helt omöjligt för honom och Sara att avla ett barn, på grund av de var för gamla, litade Abraham på Guds löfte att de skulle få en son.[482]

Paulus använder Abraham som bevis för att alla människor måste ha äkta tro på Gud för att kunna bli frälsta. Det räcker inte att vara omskuren och sträva efter att lyda Mose lag så väl som möjligt, eftersom lagens krav, för att räknas som rättfärdig, är att man inte bryter ett enda bud under sitt liv. Bryter man ett enda bud är man under förbannelse![483] För att göra det klart för var och en att vi alla behöver bli renade från våra synder genom Jesu blod, förklarar Paulus i Rom. 3:9–12 att alla människor är syndare. Han försöker inte bevisa att människans andliga tillstånd är så dåligt att det är

---

479 Rom. 3:23.
480 Rom. 9:30-10:5.
481 Gal. 3:17.
482 Rom. 4:17-22.
483 Gal. 3:10; Jak. 2:10.

omöjligt att sätta sin tilltro till Jesus, efter att man fått höra evangeliet. Abraham var ju utvald av Gud på grund av att han lyssnade på Guds röst, till skillnad från de andra människorna under hans tid.[484] Det står ingenstans att Gud behövde föda Abraham på nytt innan han kunde tro. Kontexten i Romarbrevet talar alltså emot kalvinisternas förståelse.

Den enda fras i texten som kan tyckas tala för kalvinismen är, "ingen finns som söker Gud." Gud behöver förstås först söka oss och kalla oss till tro och omvändelse genom förkunnelsen av evangeliet.[485] Han behöver också, genom Anden, överbevisa oss om synd. Denna synd består främst av att vi inte tror på Gud och inte följer hans vilja.[486] Det står ingenstans i Bibeln att det är omöjligt för syndare att kunna gensvara på Guds verk i deras hjärtan, genom sitt ord och sin Ande. Istället talas det om att de som blir frälsta är sådana som tar emot sanningen och lyder den.[487] Paulus skriver förstås ingenting som strider mot Jesu ord: *Saliga är de som lyssnar till Guds ord och bevarar det.*[488]

Frälsningens gyllene kedja? - Rom. 8:29-30

För dem som han förut har känt, dem har han också förutbestämt till att formas efter sin Sons avbild, för att han ska vara den förstfödde bland många bröder. Och dem som han förutbestämde, dem kallade han också. Och dem han kallade, dem rättfärdiggjorde han. Och dem han rättfärdiggjorde, dem förhärligade han också.[489]

---

484 1 Mos. 26:4f.
485 Rom. 10:13-17; 2 Petr. 2:12.
486 Joh. 16:8f.
487 Joh. 3:36; Apg. 2:41; Rom. 6:17; 1 Thess. 2:13; 2 Thess. 2:10ff; 1 Petr. 1:22 m fl.
488 Luk. 11:28, jämför Luk. 8:21.
489 Enligt Svenska Reformationsbibeln 2016.

Denna text utgör de verser jag personligen har haft svårast att förklara. Den tycks stödja kalvinismens lära att Gud i förväg har känt dem han väljer att frälsa, att han kallar dem, rättfärdiggör dem och för dem till ett förhärligat tillstånd i evigheten. Kalvinister benämner ibland detta som "frälsningens gyllene kedja,"[490]Man kan få intrycket att det är helt säkert att de som Gud har förutbestämt till att få bli hans barn och, formas efter hans Sons bild, verkligen kommer att bli det och leva för evigt i hans rike.[491] Det är alltså även en av de vanligaste texterna för att "bevisa" att ingen pånyttfödd kristen kan förlora sin frälsning. Om denna text hade utgjort det samlade vittnesbördet om utkorelse och ovillkorlig säkerhet i frälsningen, vore det svårare att motbevisa dessa läror. Låt oss dock se närmare på texten och dess kontext för att utröna om dessa verser verkligen ger stöd åt kalvinismen.

Först kan vi notera att denna text inte säger att Gud helt ovillkorligen har förutbestämt vilka som ska formas efter hans Sons bild och bli frälsta. I versen precis före detta stycke har vi den berömda och trösterika versen om att Gud i sin suveränitet låter allt samverka till det bästa för dem som älskar honom. I 1 Kor. 2:9 antyder Paulus att Gud har förberett något ofattbart och fantastiskt åt dem som älskar honom. Vilka är det då som älskar Gud? Jo, de som håller Jesu bud och följer honom helhjärtat på alla livets områden.[492] Det är endast de som håller Jesu bud som blir kvar i hans kärlek och får ärva det eviga livet.[493] Detta bekräftas även av Jakob 1:12, som uppenbarar att det är de som består trons prövningar och förblir trogna Herren, som kommer att få livets krona, den krona Gud har lovat åt dem som älskar honom. I Upp. 2:10 säger Jesus till församlingen i Smyrna att någras tro kommer

---

490 Eng." The Golden Chain of Salvation."
491 Jämför 1 Joh. 3:2.
492 Joh. 14:21,23; 12:25f.
493 Joh. 15:10; 1 Joh. 2:6; Upp. 3:4f.

att sättas på prov, genom att djävulen får tillåtelse att sätta dem i fängelse. Jesus uppmanar dem att vara trofasta intill döden för att få livets krona. Varför säger han det om det är så att det redan är klart att de kommer att få det eviga livet?

En annan sak som är värld att påpeka är att alla de verb Paulus använder i Rom. 8:30 för att beskriva Guds handlande med de människor han fört till ett förhärligat tillstånd, står i den grekiska tempusformen aorist (handling i dåtid). Det är därför möjligt att Paulus i första hand syftar på personer som redan är avlidna, som har dött i tron på Jesus och därmed helt säkert kommer att få ärva det eviga livet. Dessa, som hade en tro som bestod provet och gjorde sin kallelse och utkorelse fast, var kända av Gud i förväg. Det står emellertid inte att Gud hade känt dem av evighet eller förutbestämt deras frälsning långt innan de var födda.[494]

I de efterföljande verserna (31–39) förklarar Paulus att ingenting kan skilja Guds utvalda från Kristi kärlek, inte ens svår förföljelse.[495] De kristna hade vid denna tid börjat utstå svår förföljelse till följd av tron på Jesus. Några hade redan lidit martyrdöden och tillhörde därmed helt säkert de trogna och utvalda, som för alltid skulle leva med Kristus i hans rike. Paulus argumenterar inte för läran att Gud ovillkorligen förutbestämt vilka som blir frälsta, utan skriver dessa verser för att uppmuntra och trösta alla trogna kristna (överallt och i alla tider) som lider förföljelse, för att de ska hålla fast vid tron och få ärva det eviga livet. Av andra ställen i Paulus brev framgår det emellertid att det är möjligt för kristna att förneka tron på Jesus och så gå förlorade.[496]

---

494 Tankarna är till stor del hämtade från ss. 43–44 i boken THE GOSPEL PLAN OF SALVATION, av T.W. Brents, 1874. (1977)
495 Alternativ översättning "kärleken till Kristus."
496 Till exempel 2 Tim. 2:12.

164

Inte heller den vidare kontexten i Romarbrevet 8 ger stöd åt att Paulus i verserna 29–30 skulle lära en ovillkorlig utkorelse av vissa till frälsning. I verserna 12–13 förklarar ju Paulus att man behöver se till att man som kristen inte lever efter köttet, utan dödar kroppens gärningar (de syndfulla begären) med hjälp av Anden. Gör man inte det så kommer man att dö (andligen).[497] Denna varning riktar Paulus helt säkert till pånyttfödda kristna, som har mottagit Anden.[498] Därför är det inte sannolikt att Paulus lite senare plötsligt argumenterar för att ingen pånyttfödd kristen kan förlora sin frälsning, eftersom Gud ovillkorligen förutbestämt att de ska få ärva det eviga livet.

Vad Gud har förutbestämt är att de som tror på Jesus, älskar honom helhjärtat och är honom trogna hela livet, ska formas efter hans Sons avbild och ärva det eviga livet. Därför dras slutsatsen att inte heller Rom. 8:29-30 ger stöd åt läran att Gud ovillkorligen skulle ha förutbestämt vilka individer som ska få bli frälsta.

Måste Gud föda människor på nytt för att de ska kunna tro evangeliet? – 1 Kor. 2:14

En oandlig människa tar inte emot det som kommer från Guds Ande. Det är dårskap för henne, och hon kan inte förstå det eftersom det måste bedömas på ett andligt sätt.

Denna vers används ofta av kalvinister för att bevisa att alla människor, som inte blivit födda på nytt av Guds Ande, helt saknar förmåga att ta emot Guds ord och evangeliet. Gud måste först ge dem Anden, sedan kan de tro evangeliet och bli frälsta. Detta pånyttfödande verk låter Gud bara de utvalda få del av. Vid en första anblick kan det verka som om denna vers stödjer deras syn, men behandlar Paulus verkligen frågan om huruvida människor

---

497 Jämför Gal. 6:7f och Jak. 1:13-15.
498 Verserna 14–16.

som inte fötts på nytt kan tro evangeliet eller inte? Vid en granskning av kontexten framkommer det att det inte är den frågan som behandlas, utan Paulus talar om ett särskilt mått av andlig vishet, som vuxna kristna (andligt mogna) får genom Andens uppenbarelse.[499] Denna speciella vishet och uppenbarelse, genom Anden, ger Gud åt dem som verkligen underordnar sig hans ord, säger nej till köttets syndfulla impulser, och låter Anden driva dem.[500]

Paulus skriver inte att människor omöjligen kan tro själva evangeliet, om inte Anden först föder dem på nytt. I början av kapitel 3, ett par verser efter 2:14, kallar Paulus nämligen korintierna köttsliga, personer som han inte kunde lära djupare andlig undervisning (kanske om rättfärdighet).[501] Med detta menade han inte att de inte var födda på nytt överhuvudtaget. Av till exempel 1 Kor. 1:2 och 1:30 framkommer det att Paulus skriver till sanna kristna. Det Paulus menar är istället att de andligen är som omogna barn, till följd av att de låter köttets syndiga begär, såsom avund, driva dem. Gud vill dock ge sitt folk mer av visdomens och uppenbarelsens Ande, så att vi desto djupare förstår hur oerhört stort det arv vi har i Kristus Jesus verkligen är.[502] För att det ska ske behöver vi ständigt omvända oss från allt som återstår av stolthet, själviskhet och avund i oss. Gud står nämligen emot de högmodiga, men ger (mer) nåd åt de ödmjuka.[503] Paulus syftar alltså förmodligen på andligen omogna kristna då han skriver att en oandlig människa inte tar emot det som tillhör Guds Ande.

---

499 1 Kor. 2:6–13.

500 Ef. 4:11-24.

501 Jämför Hebr. 5:11-14.

502 Ef. 1:17f.

503 Jak. 4:6; 1 Petr. 5:5.

166

Är alla som blir frälsta utvalda till frälsning redan i moderlivet? – Gal. 1:13-16a

Ni har ju hört hur jag betedde mig förr inom judendomen, hur våldsamt jag förföljde Guds församling och försökte utrota den. Jag gick längre i judendom än många jämnåriga i mitt folk och ivrade än mer fanatiskt för mina fäders stadgar. Men han som utvalde mig redan i moderlivet och som kallade mig genom sin nåd beslöt att uppenbara sin Son i mig, för att jag skulle förkunna evangeliet om honom bland hedningarna.

Här beskriver Paulus sitt liv före och efter sin omvändelse till Jesus Kristus. Innan han fick sitt storslagna möte med den uppståndne Jesus på vägen till Damaskus,[504] var han en fruktansvärt hänsynslös förföljare av församlingen. Före hans möte med Jesus, hade ingen kunnat tro att han överhuvudtaget skulle bli kristen, än mindre att han skulle bli den kanske allra mest hängivne och framgångsrike missionären och församlingsplanteraren genom tiderna. Dessutom skrev han minst 13 av Nya Testamentets 27 böcker![505] Självklart var det ett ingripande från Gud själv som förvandlade Paulus från att ha varit en oerhört sträng och lagisk farisé, som trodde att Jesus hade varit en falsk profet och hädare genom sina anspråk på att vara Guds Son, till att bli den kanske allra mest fruktbärande kristne mannen under hela kyrkans 2000-åriga historia. Han utstod dessutom fruktansvärda lidanden för Jesu skull och led till slut martyrdöden. Endast Gud själv kan åstadkomma en sådan förvandling med en människa.

Kalvinister tar denna sanning ett par steg längre. De menar att det till 100 procent är Gud som förvandlar varje utvald syndare, så att

---

504 Paulus omvändelse skildras på tre ställen i Apostlagärningarna: 9:1–19; 22:3–21 och 26:2–23.

505 Många i den tidiga kyrkan menade att han dessutom var författaren till Hebreerbrevet.

de går från att hata allt som har med Jesus och det sanna evangeliet att göra, till att bli överlåtna lärjungar till Herren. En del pekar bland annat på detta ställe i Galaterbrevet, eftersom Paulus skriver att Gud hade utvalt honom redan i moderlivet. Man menar då att detta gäller för alla kristna. Alla kristna har utvalts till frälsning redan från moderlivet och blir omvända helt och hållet genom Guds suveräna nåd och verk, vit den tidpunkt Gud bestämt att de ska bli frälsta. Deras egen vilja är inte alls aktiv i samband med omvändelsen, utan Guds nåd gentemot de utvalda är oemotståndlig. De kan inte motstå Guds pånyttfödande verk av dem, som för dem till omvändelse och tro på Jesus. Gud gör de ovilliga villiga. Han förvandlar de utvaldas hjärtan, så att de villigt och glatt kommer till Jesus och tar emot hans frälsning. Kalvinister skulle dessutom kunna peka på att Paulus i 1 Tim. 1:15,16, där det står:

Det är ett ord att lita på och värt att tas emot av alla, att Kristus Jesus kom till världen för att frälsa syndare – och bland dem är jag den störste! Men jag mötte barmhärtighet, för att Kristus Jesus skulle få visa hela sitt tålamod först mot mig, som en förebild för dem som ska komma till tro på honom och få evigt liv.

Man skulle kunna förstå detta ställe som att Paulus omvändelse utgör en förebild för alla kristnas omvändelse, vilket skulle stödja kalvinismens syn att det endast är Gud som gör verket då de utvalda blir omvända. Det är emellertid inte alls nödvändigt att dra de slutsatserna av Paulus omvändelse. Varför utvalde Gud Paulus? Det står ingenstans att han var en av de som Gud helt ovillkorligen hade utvalt till frälsning, som vissa kalvinister vill göra gällande. Texten från Galaterbrevet uppenbarar tydligt och klart varför Gud hade utvalt Paulus. Det var för att han skulle predika evangeliet om Jesus bland hedningarna. Paulus utvaldes till att bli hedningarnas apostel och i sina brev behandlar han ofta frågan om det är nödvändigt för de hedningar som kommer till tro att omskära sig och hålla Mose lag. Han gör det mycket klart att man endast blir rättfärdigt inför
168

Gud genom tron på Jesus, inte genom några laggärningar. Därför måste inte hednakristna omskära sig, avstå från griskött, hålla sabbaten på lördagar, och så vidare. Varför valde Gud just Paulus till att bli hedningarnas apostel? En möjlighet är att det var det för att han, enligt sitt eget vittnesbörd, hade varit den allra mest stränge och hängivne efterföljaren av Mose lag bland sina judiska landsmän.[506] Ingen skulle kunna anklaga honom för att vara en liberal jude och att det var av den anledningen han argumenterade för att hednakristna inte behövde hålla Mose lag.[507] Gud visste i förväg att Paulus skulle uppfostras som farisé och bli en hängiven efterföljare av Mose lag. Han visste naturligtvis också vilken personlighet han skulle få, som gick in för det han trodde på till 110 procent. Därför utvalde Gud honom till att bli hedningarnas apostel redan från tiden han befann sig i sin mammas mage. Innebär detta att kalvinismens lära om oemotståndlig nåd är sann åtminstone i Paulus fall? Nej, Paulus antyder själv att han hade ett val att göra efter sitt möte med Jesus. Han hade kunnat stå emot Jesu kallelse av honom till omvändelse och missionstjänst. I Apg. 26:19,20 står det nämligen:

Därför, kung Agrippa, har jag inte varit olydig mot den himmelska synen. Jag har predikat, först i Damaskus och sedan i Jerusalem och hela Judeen och även ute bland hedningarna, att de ska ångra sig och omvända sig till Gud och göra gärningar som hör till omvändelsen.

Paulus gjorde det rätta, nämligen att lyda Herrens uppdrag att föra ut evangeliet till människor. Notera att han också säger att han manar de människor han predikar evangeliet för att göra gärningar som hör till omvändelsen. Människor kan med andra ord komma

---

506 Fil. 3:3ff.
507 Dessa tankar är hämtade från David Bercots utläggning av Romarbrevet. Den finns på YouTube-kanalen "Sound Faith."

till tro på Jesus, utan att göra gärningar som hör till omvändelsen. Det är inte alla som väljer att avstå från allt i sina liv som är oförenligt med efterföljelsen av Jesus. Därför gjorde Jesus själv det klart att alla måste beräkna kostnaden för att följa honom, för att komma fram till om man är beredd att lämna allt för att följa honom, eller inte.[508] En del vill till exempel inte avstå från sina rikedomar, medan andra gör det villigt och glatt.[509] Detta antyder också att alla människor har fri vilja, med vilken vi kan välja att lämna allt som står emot Jesus och hans ord, för att följa honom helhjärtat, eller välja att fortsätta leva för oss själva.

Är alla människor födda syndare, som är under Guds vrede? – Ef. 2:1–3

Också er har Gud gjort levande, ni som var döda genom era överträdelser och synder. Tidigare levde ni i dem på den här världens sätt och följde härskaren över luftens välde, den ande som nu är verksam i olydnadens barn. Bland dem var vi alla en gång, när vi följde våra köttsliga begär och gjorde vad köttet och tankarna ville. Av naturen var vi vredens barn, precis som de andra.

Detta stycke från Efesierbrevet används ofta för att "bevisa" att alla människor föds syndare, till följd av att vi alla ärver Adams synd och skuld.[510] Detta innebär, enligt klassisk augustinsk och reformatorisk arvsyndslära, att även bebisar och små barn är under Guds vrede och kommer att drabbas av den eviga domen, såvida inte Gud föder dem på nytt genom att ge dem tro, eller genom att de döps som spädbarn.[511] Det är framförallt frasen, "av naturen var

---

508 Luk. 14:26ff.

509 Matt. 19:16-30; Luk. 19:1–10.

510 Även Ps. 51:7 och Rom. 5:12 används ofta för att stödja denna lära.

511 I vår tid finns det emellertid många kalvinister som inte tror att småbarn som dör går förlorade.

170

vi vredens barn," som skulle kunna förstås i denna riktning. Det låter faktiskt som att Paulus skriver att människor inte hamnar under Guds vrede först efter att de begått egna synder, utan till följd av den natur vi alla är födda med. Men, är det nödvändigtvis så denna fras bör förstås?

I kontexten, från vers 1, skriver Paulus om det andligt döda tillstånd som efesierna hade befunnit sig i innan de blev frälsta. Notera att Paulus inte skriver att deras andligt döda tillstånd berodde på Adams synd, utan på deras egna överträdelser och synder. Han nämner också olika köttsliga (syndfulla) begär, som drev dem till att leva i synd och olydnad gentemot Gud. Finns det något annat ställe i Paulus egen undervisning som kan ge klarhet över huruvida detta andligt döda tillstånd råder ända från varje människas födsel, eller om det inträder senare? Låt oss se närmare på en intressant passage från Romarbrevet:

Vad ska vi då säga? Att lagen är synd? Verkligen inte! Men det var först genom lagen som jag lärde känna synden. Jag hade inte vetat vad begäret var om inte lagen hade sagt: Du ska inte ha begär. Men synden grep tillfället och väckte genom budordet alla slags begär i mig. Utan lag är synden död. En gång levde jag utan lag, men när budordet kom fick synden liv och jag dog. Det visade sig att budordet som skulle föra till liv ledde till död. Synden grep tillfället och bedrog mig genom budordet och dödade mig genom det.[512]

Paulus beskriver förmodligen sitt eget "syndafall" i detta stycke. Innan han hade kunskap om lagen, det vill säga skillnaden mellan gott och ont, befann han sig i ett oskyldigt tillstånd. Detta oskyldiga tillstånd befinner sig de små barnen i, som inte förstår skillnaden mellan gott och ont.[513] Alla människor har dock en fallen natur, som

512 Rom. 7:7–11.
513 5 Mos. 1:39; Jes. 7:15; 1 Kor. 14:20.

är benägen att synda.[514] Då vi kommer upp i en ålder då vi vet vad som är synd, men ändå begår synd, dör vi andligen. Denna död innebär inte att vi inte kan omvända oss till Gud och tro evangeliet,[515] utan att vår relation med Gud blir bruten, vilket medför att vi blir "vredens barn." Vi har alla själviska och syndiga begär, som driver oss till synd, om vi inte genom tron och dopet är korsfästa med Kristus och därigenom döda för synden.[516] Det är dock inte den fallna naturen i och för sig som fördömer någon av oss, utan våra personliga synder, vilket alla texter om den yttersta domen uppenbarar.[517]

Bibeln lär klart och tydligt att var och en blir fördömd till följd av sina egna synder och inte genom någon annans synd.[518] Konsekvensen av att vi alla föds med en fallen natur blir att ingen kan leva ett syndfritt liv genom egen strävan att leva i perfekt lydnad av Gud, men vi kan genom tron leva liv som kännetecknas av lydnad av Guds bud.[519] Vi är alla i behov av frälsning genom Jesus Kristus. Utan Jesu försoning hade inte ens de små barnen blivit frälsta, men Jesus har genom sitt försoningsverk garanterat frälsning för var och en som tror, samt för alla små barn, som dör utan kunskap om skillnaden mellan gott och ont.[520]

---

514 Rom. 7:14-20; 8:3,7f; Gal. 5:17-21.

515 Se Luk. 15:11-32.

516 Rom. 6:1–7; Gal. 5:24; Ef. 4:22ff m fl.

517 Se exempelvis Matt. 16:27; 25:31–46; Joh. 5:28f; Rom. 2:5–12; 2 Kor. 5:10; 2 Tess. 1:5–9; 1 Petr. 4:17f; Upp. 20:11-15.

518 5 Mos. 24:16; Jer. 31:29f; Hes. 18:19f; Jak. 1:13ff.

519 Se till exempel 1 Mos. 7:1; 39:7ff; Job 1:8; Hes. 14:14; Luk. 1:6; Joh. 1:47; Apg. 10:1f.

520 5 Mos. 1:39; Rom. 5:18; 1 Kor. 15:21f.

Kan bara dem som Gud ovillkorligen utvalt få frälsande tro? – 2 Thess. 2:13-14

Men vi måste alltid tacka Gud för er bröder, Herrens älskade, eftersom Gud från begynnelsen har utvalt er till frälsning genom att ni helgas av Anden och tror på sanningen. Till detta har Gud kallat er genom vårt evangelium, för att ni ska vinna vår Herre Jesu Kristi härlighet.

Kalvinister menar att denna text handlar om att Gud ovillkorligen har utvalt vilka individer som ska få nåden att komma till tro på sanningen och bli frälsta. Resten av mänskligheten kan, till följd av sitt andligt döda tillstånd, omöjligen tro evangeliet, vilket leder till att de går förlorade. För att avgöra om denna text ger stöd åt denna lära, ska vi studera kontexten i samma bibelbok. 2 Thessalonikerbrevet handlar till stor del om den yttersta tiden. I kapitel 2 behandlar Paulus vad som ska ske kort före Jesu återkomst, nämligen det stora avfallet, Antikrists styre och Herrens förgörande av honom.

Bakgrunden är att de kristna i Thessaloniki uppenbarligen blivit skrämda av villolärare, som påstod att Jesu återkomst var väldigt nära.[521] Även i kapitel 1 skriver Paulus om Jesu återkomst, då Jesus ska döma alla "dem som inte känner Gud och… inte lyder vår Herre Jesu Kristi evangelium."[522] Varför kommer de bli dömda? Jo, därför att de inte *lydde* evangeliet. De blir alltså inte dömda till följd av att Gud av evighet bestämt att de inte ska kunna tro på evangeliet, utan på grund av att de valde att förkasta evangeliet. Det är mot denna bakgrund vi bör förstå frasen "eftersom Gud från begynnelsen har utvalt er till frälsning genom att ni helgas av Anden och tror på sanningen." Meningen är inte att Gud, före

---

521 2 Thess. 2:1f.
522 2 Thess. 1:7f.

världens grund var lagd, förutbestämde vilka människor som skulle få bli frälsta genom Andens helgelse, efter att Gud gett dem trons gåva. Uttrycket "från begynnelsen" kan förstås i ljuset av bland annat 1 Joh. 2:24:

> *Låt det ni har hört från början förbli i er. Om*
> *det ni hört från början förblir i er, kommer*
> *också ni att förbli i Sonen och i Fadern.*

I detta sammanhang är det uppenbart att Johannes användning av uttrycket "från början" syftar på tidpunkten då de kristna han skriver till kom till tro på evangeliet. Utkorelse av individer till frälsning genom Kristus äger rum då dessa tar emot sanningen i tro, medan den kollektiva utkorelsen av alla som är i Kristus ägde rum före världens grund var lagd. Det är alltså förutbestämt att Gud kommer att ha en brud (församlingen) för sin son Jesus Kristus, bestående av alla som genom tron är i honom. Gud har dock inte förutbestämt vilka individer som ska komma till tro och bli en del av Kristi brud, utan det bestäms då enskilda människor antingen tar emot eller förkastar sanningen.[523]

I 2 Thess 2:10-12, passagen precis före denna "bevis-text" för kalvinismen, förklarar Paulus varför många människor i den yttersta tiden kommer att följa Antikrist och gå förlorade. Anledningen är att "de inte tog emot kärleken till sanningen så att de kunde bli frälsta," och att de har "njutit av orättfärdigheten." Alla människor har fri vilja, med vilken vi kan välja att stå emot eller ta emot sanningen, omvända oss eller fortsätta leva i våra synder. I 1 Thess. 2:13 står det att de kristna i Thessaloniki hade *tagit emot* Guds ord, som Paulus och hans medarbetare hade predikat för dem.[524] För att kalvinismens lära ska kunna gå ihop med Guds ord,

---

[523] Tankarna i stycket, inklusive referensen till 1 Joh. 2:24, är till stor del hämtade från *THE GOSPEL PLAN OF SALVATION*, ss. 68-69.

524 Jämför 1 Thess. 1:4ff.

174

är det nödvändigt att läsa in saker i texterna som inte finns i dem, till exempel antagandet att Gud föder de utvalda på nytt, så att de tar emot sanningen. Bibeln lär emellertid inte detta, utan uppenbarar gång på gång att var och en kan stå emot eller ta emot sanningen. I exempelvis Hebr. 4:2 står det om de israeliter som inte fick komma in i Kanaans land,[525] att evangeliets ord som de hörde inte blev till nytta för dem, eftersom "det inte smälte samman i tro med dem som lyssnade." Detta uttryck kan ses som synonymt med att de inte tog emot evangeliet i tro. Hebreerbrevets författare riktar denna varning till kristna, för att inte också de ska börja förhärda sina hjärtan mot Guds ord, trots att de tidigare trott evangeliet och blivit frälsta.[526]

1 och 2 Tessalonikerbreven ger heller inte stöd åt läran att de troende och utvalda inte skulle kunna förlora sin frälsning. Trots att Paulus skriver att de kristna i Thessaloniki är utvalda (1 Thess. 1:4), har han varit orolig för att djävulen (frestaren) frestat dem och därigenom fört dem bort från tron, vilket skulle innebära att det varit förgäves att ha förmedlat Guds ord till dem.[527] Av 2 Thess. 1:11 framgår det att Paulus ber att Gud ska anse de kristna i Thessaloniki värda att få ingå i Guds rike, för vars skull de lider förföljelse.[528] Varför be det, om det redan är helt säkert att de kommer att nå fram till härligheten, eftersom Gud ovillkorligen har bestämt att de ska bli frälsta?

---

525 Se Hebr. 3.
526 Hebr. 4:6–11; 6:1ff; 12:25-29.
527 1 Thess. 3:5, jämför 1 Kor. 15:1f.
528 1 Thess. 1:5.

Vilka är "de utvalda," som får del av frälsningen? – 2 Tim. 2:10

Därför uthärdar jag allt för de utvaldas skull, för att de ska få del av frälsningen i Kristus Jesus och den eviga härligheten.

Denna vers används också ibland av kalvinister för att stödja läran om ovillkorlig utkorelse av vissa individer till frälsning. De lär dessutom att de individerna som utvalts till frälsning, innan världens grund var lagd, helt säkert kommer att bli frälsta. Gud har inte bara utvalt vilka som ska bli frälsta, utan även vilka medel han ska använda för att de ska få höra evangeliet och komma till tro. Han hade bland annat utvalt Paulus till att föra ut evangeliet till väldigt många människor och de utvalda av dessa människor skulle komma till tro genom hans förkunnelse. Man måste dock läsa in ett ord i texten för att kunna dra dessa slutsatser, nämligen ordet "ovillkorligen." Av denna vers, liksom av andra verser som talar om utväljande av människor till frälsning, kan vi dra slutsatsen att Bibeln definitivt lär utkorelse till frälsning. Som bibeltroende är det nödvändigt att tro på någon form av utkorelse. Frågan är dock om de texter som talar om utväljande av människor stödjer läran att denna utkorelse är helt ovillkorlig, alltså helt oberoende av något som människor gör i förhållande till Gud, eller något sinnelag de har gentemot honom.

Återigen behöver vi se närmare på kontexten för att avgöra om denna vers stödjer kalvinismens lära om ovillkorlig utkorelse. Då Paulus skriver 2 Timoteusbrevet befinner han sig i fångenskap i Rom, den sista fångenskapen innan han lider martyrdöden.[529] Han

---

529 2 Tim. 4:6–8. I Eusebios kyrkohistoria, från början av 300-talet (svensk översättning av O. Andrén), står på sida 72 bland annat detta angående Paulus sista tid i livet: "Det berättas att sedan aposteln försvarat sig fortsatte han sin förkunnargärning och kom för andra gången till Rom, där han slutade som

176

uppmanar sin andlige son Timoteus att ta över stafettpinnen och fortsätta kampen för att föra evangeliet till så många som möjligt. Därför uppmuntrar Paulus honom med sanningen att Guds ord inte bär bojor, även om han själv och andra tjänare av evangeliet blir fängslade och dödade för Guds ords skull.[530] Ingenting kan sätta stopp för sanningen, eftersom Jesus är med sitt folk, och har vunnit seger över ondskans andemakter genom korset och sin uppståndelse från de döda.[531] Ingenting kan skilja dem som, under lidande och förföljelse, förblir trogna Gud från Guds kärlek i Kristus Jesus.[532] Gud har dessutom förutbestämt att ha ett utvalt folk, bestående människor från alla jordens stammar och folkslag, som han kommer spendera evigheten med, vilket andra ställen i Skriften klarlägger.[533]

Paulus menar emellertid inte att Gud har förutbestämt precis vilka individer som ska bli frälsta, utan att ta hänsyn till deras ödmjukhet, tro, gudsfruktan eller något annat han i förväg ser i dem. Då Paulus befann sig i Korinth och mötte mycket motstånd från judarna, talade Gud i en syn om natten och sa till honom: ” Var inte rädd, utan tala och låt dig inte tystas! Jag är med dig. Ingen ska röra dig eller skada dig, för jag har mycket folk här i staden."[534] Gud uppmuntrade alltså Paulus och drev honom till att fortsätta arbetet för evangeliet i Korinth i hela 1,5 år. Detta berodde på att Gud i förväg såg att många människor i Korinth hade rätt jordmån i sina hjärtan och därför skulle ta emot evangeliet i tro och bli en del av

---

martyr. Under fångenskapen skrev han det andra brevet till Timotheos där han nämner sitt försvar och sitt nära förestående slut."
530 2 Tim. 2:9.
531 2 Tim. 2:8; Matt. 28:18; Kol. 2:15.
532 Rom. 8:35-39.
533 Matt. 24:14; Upp. 5:9.
534 Apg. 18:9ff.

Guds folk. Det var sådana "utvalda" som Paulus kämpade för att nå med evangeliet.

Paulus ord om att han uthärdar allt för de utvaldas skull, för att de ska få del av frälsningen och den eviga härligheten, innebär inte heller att han lär att alla som blivit födda på nytt, och därigenom tillhör de utvalda, automatiskt kommer att få del av det eviga livet. I 2 Tim. 1:9 skriver han nämligen att Gud "har frälst oss och kallat oss med en helig kallelse, inte på grund av våra gärningar utan genom sitt beslut och sin nåd som han har gett oss i Kristus Jesus från evighet." Paulus förutsätter alltså att både han själv och Timoteus är frälsta, tack vare att Jesus Kristus har låtit dem få del av den nåd som han av evighet beslutat sig för att ge åt alla som tror på honom. Enligt Paulus förmanande ord till sig själv och Timoteus i samma brev är det dock nödvändigt att förbli trogen Jesus, genom att hålla ut i tron och bekännelsen av honom inför andra människor, för att inte bli förnekad av Jesus på domens dag.[535] Man måste alltså, enligt Petrus ord i 2 Petr. 1:10, göra sin kallelse och utkorelse fast genom att förbli i tron på Jesus, och i efterföljelsen av honom, under hela sitt liv.

Är människors omvändelse helt och hållet Guds verk? - 2 Tim. 2:24-26

Och en Herrens tjänare ska inte strida, utan vara mild mot alla, lämpad för att undervisa, tålig när han får lida, och i mildhet tillrättavisa dem som säger emot. Kanske Gud en gång ska ge dem omvändelse så att de inser sanningen, och att de nyktrar till och kommer loss ur djävulens snara, de som är fångade av honom för att göra hans vilja.[536]

Kalvinister använder denna text eftersom den antyder att det är Gud som ger människor omvändelse. Enligt kalvinismen kan, som vi har konstaterat, ingen gensvara på Guds ord och omvända sig till Gud. Gud behöver därför göra ett pånyttfödande verk i de utvaldas hjärtan, för att de överhuvudtaget ska kunna tro och omvända sig. Men, stödjer verkligen texten denna lära? I versen precis före uppmanar Paulus Timoteus att avvisa dumma och oförståndiga tvistefrågor. Förmodligen talar han om sådana inom församlingen som försökte sprida tankar som avvek från den sunda läran, till exempel uppfattningen att uppståndelsen redan hade ägt rum.[537] Paulus vill nu att Timoteus med kärlek ska förmana dessa personer. Han understryker hur viktigt det är för en kristen ledare att vara tålmodig och mild i bemötandet av ens meningsmotståndare. Men, om kalvinismen vore sann, spelar det egentligen inte någon roll hur vi bemöter andra människor då vi försöker nå dem med Guds ord. Om Gud har utvalt dem till att bli frälsta kommer de förr eller senare att bli det i vilket fall som helst.

Guds ord lär istället motsatsen, nämligen att vårt bemötande av andra människor kan bidra till att de blir mottagliga för evangeliet under den tid då Gud söker dem.[538] Ja, Skriften antyder att det finns tider då Gud mer påtagligt söker människor och drar dem till sig. Då kan deras tidigare möten med kristna bli avgörande för om de verkligen omvänder sig till Gud eller inte. Jesus säger att alla ska förstå att vi är hans lärjungar om vi har kärlek till varandra.[539] Jesus säger till och med att det är viktigt att alla som tror på honom är ett,

---

537 2 Tim. 2:16-18; 1 Tim. 1:20; 6:20. Det kan ha rört sig om en form av gnostiska tankar dessa villolärare hade börjat sprida. I 1 Tim. 1:3f nämner Paulus också att somliga börjat förkunna meningslösa saker gällande myter och släktregister.
538 1 Petr. 2:12, jämför Matt. 5:16.
539 Joh. 13:35.

för att världen ska tro att det är Gud som sänt honom.[540] Det är alltså mycket viktigt att alla kristna lever i kärlek gentemot andra kristna, att vi är ödmjuka inför varandra och inte bemöter varandra på ett oförskämt sätt. Även om vi har skilda uppfattningar om vissa saker behöver vi ha respekt för varandra och endast förmana och leda varandra i kärlek, av uppriktig omsorg om varandra.[541]

På ett annat ställe manade Paulus Timoteus att ge akt på sig själv och på läran, i syfte att frälsa sig själv och dem som han undervisade.[542] Paulus verkar onekligen mena att Timoteus kan påverka sitt eget och andras eviga öde genom vad han undervisar och hur han lever, det vill säga genom att föregå med gott exempel.[543] På den här sidan evigheten är det alltså inte klart vilka som kommer bli frälsta till slut och vilka som kommer gå förlorade. Kalvinismen, å andra sidan, lär att allt redan är klart gällande alla människors eviga öde.

Av dessa anledningar bör vi inte förstå Paulus ord om att Gud kanske en gång ska ge dem omvändelse i kalvinistisk riktning. Gud är givetvis den som ger människor omvändelse, såtillvida att han söker dem och drar dem till sig genom Anden och Ordet. Om inte Gud i sin godhet hade gett människor tillfällen att omvända sig skulle ingen bli frälst.[544] Guds ord säger dock ingenstans att Gud först måste göra dem han utvalt levande andligen och göra så att de omvänder sig.

---

540 Joh. 17:20f.
541 1 Tim. 1:5.
542 1 Tim. 4:16.
543 Jämför 1 Kor. 11:1; Fil. 3:17.
544 Jämför Apg. 11:1–18; Rom. 2:4.

Var de som går förlorade förutbestämda till detta öde? – 1 Petr. 2:6–8 och Jud. 4

Det står ju i Skriften: Se, jag lägger i Sion en utvald, dyrbar hörnsten, och den som tror på den ska aldrig komma på skam. För er som tror är den alltså dyrbar, men för dem som inte tror har stenen som husbyggarna förkastade blivit en hörnsten, en stötesten och en klippa till fall. De stöter emot den därför att de inte lyder ordet. Så var det också bestämt om dem.

För några människor har smugit sig in obemärkt, som för länge sedan var uppskrivna till denna dom, ogudaktiga, som förvränger vår Guds nåd till ett liv i skamlös synd och förnekar den ende Härskaren, Gud, och vår Herre Jesus Kristus.[545]

Angående citatet från 1 Petrus använder vissa kalvinister det stället för att påvisa att de som inte tror på evangeliet, har blivit förutbestämda till att inte tro till frälsning, medan de som tror har fått sin tro eftersom de har förutbestämts till frälsning. Det finns emellertid ingenting i grundtexten som gör en sådan förståelse nödvändig.[546] I ljuset av Skriftens helhetsbudskap är det rimligare att poängen är att de som inte tror, förutbestämts till att falla genom att stöta emot Kristus. Det är alltså inte deras otro som är förutbestämd, utan deras fall, i och med att de är olydiga mot evangeliets budskap.

När det gäller Jud. 4 använder vissa kalvinister versen för att påvisa att Gud har förutbestämt vissa människor till att drabbas av domen, utan möjlighet till frälsning från sina synder genom tron på Jesu

---

545 Svenska Reformationsbibeln 2016.

546 Gr. ὑμῖν οὖν ἡ τιμὴ τοῖς πιστεύουσιν· ἀπιστοῦσιν δὲ λίθος ὃν ἀπεδοκίμασαν οἱ οἰκοδομοῦντες, οὗτος ἐγενήθη εἰς κεφαλὴν γωνίας καὶ λίθος προσκόμματος καὶ πέτρα σκανδάλου· οἳ προσκόπτουσιν τῷ λόγῳ ἀπειθοῦντες, εἰς ὃ καὶ ἐτέθησαν·

försoningsverk. Gud förutbestämde dem till att drabbas av hans vredesdom långt innan de ens var födda. Det är emellertid inte riktigt att använda denna vers för att stödja denna lära. Det var inte Guds förkastande av dem som gjorde att de blev onda människor, som missbrukade Guds nåd för att leva i synd. Givetvis var det deras egna synd, och missbruk av hans nåd, som resulterade i att Gud bestämde att de skulle drabbas av domen. Hade Gud uppskrivet dem till denna dom långt innan de ens var födda? Nej, texten nödvändiggör inte en sådan slutsats. Det grekiska ordet som översatts "för länge sedan,"[547] behöver inte syfta på en mycket lång tid tillbaka. Det används nämligen i Mark. 15:44, där Pilatus frågar en officer om det var länge sedan Jesus hade dött på korset. Denna fråga ställde han på kvällen, några timmar efter att Jesus hade dött. Det är därför inte alls säkert att de ogudaktiga personerna som Judas omnämner hade uppskrivits till domen "för länge sedan," i betydelsen av evighet eller långt innan de var födda, utan efter att de gått så långt i sitt uppror mot Gud att de inte mer kan komma till omvändelse.

Var alla som avfaller från tron aldrig frälsta överhuvudtaget? – 1 Joh. 2:18-19

Kära barn, den sista tiden är här. Och liksom ni har hört att Antikrist ska komma, så har redan nu många antikrister trätt fram. Av det förstår vi att den sista tiden är här. De har gått ut från oss, men de hörde aldrig till oss. Hade de hört till oss skulle de ha blivit kvar hos oss. Men det skulle visa sig att alla inte hör till oss.

Kalvinister använder detta ställe för att hävda att alla kristna som avfaller från tron och dör i ett ofrälst tillstånd, aldrig var riktigt frälsta från början. Det bara verkade som att de var frälsta. De måste hävda detta för att deras lära om de heligas ståndaktighet i tron ska

---

hålla. De lär ju att alla som Gud har utvalt till frälsning och blivit födda på nytt, genom Guds suveräna nåd, helt säkert kommer att förbli i en sann tro på Jesus och få ärva det eviga livet. Om någon, som haft en tro på Jesus under lång tid, blir en avfälling och förnekar sin tro, är det ett bevis på att personen trots allt aldrig var frälst från början. Det är få bibelställen man kan använda sig av för att argumentera för detta, men 1 Joh. 2:18-19 är kanske det vanligaste. Men, är det verkligen relevant att göra det?

Aposteln Johannes behandlar inte kristna i allmänhet som avfaller från tron, för att lära att alla som avfaller från tron aldrig var kristna på riktigt. Han skriver om gnostiska villolärare, som förnekade att Kristus överhuvudtaget hade blivit sann människa.[548] Dessa hade uppenbarligen tillhört den kristna församlingen och somliga av dem kan till och med ha varit ledare inom församlingen. Johannes skriver dock att de så kallade antikristerna aldrig hade hört till den kristna gemenskapen från början, vilket bevisades av att de lämnade församlingen efter att de förnekat att Jesus är Kristus, sann Gud och sann människa på samma gång. Betyder detta att alla som avfaller från den rätta bekännelsen om Kristus aldrig var frälsta? Det är visserligen en möjlig slutsats, om man enbart tar detta bibelställe i beaktande. Det är emellertid inte alls en nödvändig slutsats, utan Skriften i sin helhet måste få avgöra saken. I denna boks fjärde kapitel har vi redan sett att det finns väldigt mycket stöd i Skriften för läran att pånyttfödda kristna kan förlora sin frälsning. Än en gång är det också värt att påpeka att Johannes inte ens behandlar den allmänna frågan huruvida en sann kristen kan avfalla från tron eller inte, utan enbart berör gnostiska villolärare, som var

---

548 1 Joh. 4:2f. Gnostikerna lärde att all materia är ond, inklusive våra fysiska kroppar. De menade att det inte var den sanne Guden som hade skapat den fysiska världen, utan en lägre gud, som kallades Demiurgen.

verksamma under hans tid. Det är långsökt att applicera detta ställe på alla kristna som avfaller i alla tider.

Senare i samma kapitel skriver dessutom Johannes till de kristna att det finns villkor för att de ska förbli i Kristus: "Låt det ni har hört från början förbli i er. Om det ni hört från början förblir i er, kommer också ni att förbli i Sonen och i Fadern."[549] Johannes skriver detta klara villkor till sanna kristna, som har fått sina synder förlåtna, lärt känna Fadern, i vilka Guds ord förblir och som har besegrat den onde.[550] Ändå skriver han detta villkor. Det är nödvändigt att de håller fast vid sanningen ända till slutet, annars kommer de inte förbli i ett frälst tillstånd. De gnostiska villolärarna, som aldrig hade varit sanna kristna överhuvudtaget, utgjorde alltså en särskild kategori avfallna "kristna," som aldrig blivit frälsta överhuvudtaget. Detta ledde till att de förnekade att Kristus hade kommit i köttet, alltså blivit sann människa.

Livets bok - Upp. 17:8

Vilddjuret som du såg, det var och är inte mer, men det ska komma upp ur avgrunden och gå mot fördärvet. De av jordens invånare som inte har sina namn skrivna i livets bok sedan världens skapelse ska förundras när de ser vilddjuret, eftersom det var och inte är men ska komma.

Denna bok behandlar inte läran om den yttersta tiden och därför ger vi oss inte i kast med att tolka beskrivningen av vilddjuret, utan fokuserar istället på vad vi kan lära oss om Livets bok. På domens dag kommer endast de människor vilkas namn är inskrivna i Livets bok att få ärva det eviga livet, medan alla andra drabbas av domen.[551] Denna vers skulle kunna tolkas i kalvinistisk riktning.

---

549 1 Joh. 2:24.
550 1 Joh. 2:12,14.
551 Upp. 20:11-15.

Resultatet blir då att de människor som Gud ovillkorligen har utvalt till frälsning har haft sina namn i Livets bok alltsedan världen skapades. Det är, enligt detta synsätt, helt säkert vilka individer som kommer att bli frälsta och deras antal kan vare sig öka eller minska. Återigen måste vi dock påminna oss om att inte läsa in saker som texten inte säger.

Det första vi bör notera är att de som har sina namn i Livets bok har dem i den *sedan* världens skapelse, inte *före* världens skapelse. Från och med skapelsen av världen och de första människorna har människor haft sina namn skrivna i Livets bok. Före syndafallet hade Adam och Eva del av det eviga livet och därmed är det sannolikt att deras namn fanns med i Livets bok. Under hela mänsklighetens historia har människors namn blivit uppskrivna i Livets bok, medan vissa fått sina namn strukna ur den. Vad, det låter konstigt, kanske vissa tänker. Nej, låt oss se vad en del andra ställen i Bibeln lär om Livets bok:

Men du har några få i Sardes som inte har smutsat ner sina kläder, och de ska vandra med mig i vita kläder, för de är värdiga. Den som segrar ska alltså bli klädd i vita kläder, och jag ska aldrig stryka hans namn ur livets bok utan kännas vid hans namn inför min Far och hans änglar.[552]

I kontexten i Uppenbarelseboken 3 riktar Herren själv en mycket stark varning till församlingen i Sardes, eftersom han hade funnit att dess gärningar inte var fullkomliga. Han manar dem att på nytt höra och ta emot Guds ord, och omvända sig, för att inte överraskas av Guds dom. Jesus gör det dock klart att några få ibland dem lever rätt och att dessa därför är värdiga att vandra med honom i vita kläder. Jesus gör det sedan fullständigt klart vilka som inte kommer att få sina namn strukna ur Livets bok, nämligen de som segrar

---

552 Upp. 3:4f.

(vandrar i trons lydnad intill slutet).[553] Därmed säger Jesus därmed, indirekt, att en del som under en tid har haft sina namn i Livets bok, kommer att få dem utstrukna igen och gå miste om det eviga livet.

Ja, även dig, trofaste medarbetare, ber jag: hjälp dessa kvinnor som har kämpat med mig i evangeliets tjänst, tillsammans med Clemens och mina andra medarbetare som har sina namn i livets bok.[554]

Av denna vers kan vi inte dra så stora slutsatser, men det låter som att en del av dem som har sina namn i Livets bok är sådana som, på olika sätt, troget arbetar för evangeliet. Versen säger ingenting om att de alltid har haft sina namn i Livets bok, eller att det var helt ovillkorligen som deras namn skrevs in i den.

I Gamla Testamentet nämns inte Livets bok uttryckligen, men det är troligt att några verser nämner den med andra ord:

På den tiden ska Mikael träda fram, den store fursten som står som försvarare för dina landsmän. Det kommer en tid av nöd, som inte har haft sin like ända från den dag då folken blev till och fram till den tiden. Men på den tiden ska ditt folk bli frälst, alla som är skrivna i boken. De många som sover i mullen ska vakna, några till evigt liv och andra till förakt och evig skam. De förståndiga ska då lysa som himlavalvets ljus, och de som har fört många till rättfärdighet som stjärnorna för alltid och för evigt.[555]

Det är tydligt att denna eskatologiska[556] text handlar om den yttersta domen, som kommer efter att Jesus har uppväckt alla människor som någonsin har levat. Texten säger att alla som har sina namn "skrivna i boken" ska bli frälsta. Det är dessa som, enligt

---

553 Upp. 12:17: 14:12f.
554 Fil. 4:3.
555 Dan. 12:1ff.
556 Eskatologi innebär läran om de yttersta tingen.

186

texten, får evigt liv, medan alla andra drabbas av "förakt och evig skam." Denna text talar absolut inte om någon ovillkorlig utkorelse till frälsning, som orsaken till att vissa människor har sina namn i boken. Istället står det att det är de förståndiga som kommer att lysa som himlavalvets ljus. Enligt Jesus själv är det de som lever i lydnad av hans befallningar som är de förståndiga.[557] Inte heller denna text säger att de som har sina namn i boken har haft det av evighet. Gud vill att så många människor som möjligt ska komma till tro och bli rättfärdiga och därför kommer de människor som har fört många till rättfärdighet, genom att nå dem med evangeliet, lysa "som stjärnorna alltid och för evigt." Gud kommer att belöna dem rikligen för deras uthålliga tjänst för evangeliet.

Men då talade de som vördar Herren med varandra, och Herren hörde och lyssnade. En minnesbok skrevs inför honom för dem som vördar Herren och respekterar hans namn. De ska vara min dyrbara egendom, säger Herren Sebaot, den dag jag utför mitt verk. Jag ska förbarma mig över dem så som en man förbarmar sig över sin son som tjänar honom. Då ska ni åter se skillnaden mellan den rättfärdige och den gudlöse, mellan den som tjänar Gud och den som inte tjänar honom.[558]

Det är definitivt inte säkert att den "minnesbok" som omnämns i denna text är samma bok som Livets bok, men vi kan ändå dra slutsatser av vad Gud själv säger utgör kriterierna för att bli inskriven i boken. Han säger uttryckligen att det är de som vördar honom och är rättfärdiga. Vi ser också vilka det är som Gud räknar som rättfärdiga, nämligen de som tjänar honom. Detta talar givetvis emot läran om ovillkorlig utkorelse.

---

557 Matt. 7:24f.
558 Mal. 3:16ff.

Låt dem utplånas ur de levandes bok, låt dem inte bli skrivna bland de rättfärdiga.[559]

Författaren till Psalm 69, David, ber att Gud utplånar hans fiender ur de levandes bok. Det framkommer också att de som har sina namn i boken räknas som rättfärdiga. En annan sak som är värd att ta med sig från detta ställe är att David, som skriver inspirerad av Guds Ande, har tron att människor kan bli uppskrivna i de levandes bok. De har alltså inte haft sina namn i boken av evighet eller innan de var födda.

Av Bibelns undervisning framkommer det alltså att Livets bok inte är en bok innehållande ett bestämt antal människors namn, som Gud bestämde skulle bli frälsta innan någon av dem var födda. Istället utgör den en dynamisk bok i vilken namnen på de människor som kommer att ärva det eviga livet är föränderligt. Då någon blir född på nytt, får personen sitt namn uppskrivet i Livets bok. Det är dock inte helt säkert att man kommer att få ärva det eviga Livet enbart på grund av att man en gång har fått sitt namn uppskrivet i Livets bok. Det gäller att inte få sitt namn struket ur boken, utan förbli i tron på Jesus och i trons lydnad av honom hela livet.

Kapitel 7 – Vad lärde de tidiga kristna om predestination och fri vilja?

I detta kapitel ska vi fokusera på vad de första generationernas kristna trodde om dessa saker, från och med slutet av Nya Testamentets tid. Som framgått i kapitel 1, har vi tillgång till

---

skrifter av män som förmodligen var lärjungar till apostlar, eller till nära medarbetare till apostlarna. Om dessa män enhälligt lärde samma sak, och dessa saker har stöd i Skriften, kan vi vara säkra på att de verkligen hade bevarat den apostoliska läran oförfalskat. Då är det dåraktigt av oss att förkasta deras vittnesbörd, för att istället följa teologer som levde hundratals eller till och med tusentals år efter apostlarnas tid. Vi begränsar oss till material från författare som skrev mellan ca. år 96 och 180 e.Kr., men även de som skrev under de följande två århundradena lärde samma sak gällande predestination och fri vilja. Låt oss nu se närmare på vad bevismaterialet från de tidiga kristna skrifterna visar.

1 Clemensbrevet

Detta brev skrevs omkring år 96 e.Kr. Vid den tidpunkten var aposteln Johannes ännu i livet. Brevet skrevs i Rom och var adresserat till församlingen i Korinth, som genomgick en strid om ledarpositionerna i församlingen. En del män hade satt sig upp emot de män som med rätta hade utsetts till ledare av apostlarna. Brevet skrevs av ledarna i församlingen i Rom, förmodligen under Clemens ledarskap, i syfte att föra de upproriska i korintförsamlingen till omvändelse. Detta verkar också ha lyckats och brevet blev mycket känt och omtyckt även i andra församlingar. I synnerhet i de östliga kyrkorna var brevet mycket högt aktat, till den grad att många ansåg att det tillhörde Nya Testamentes kanoniska skrifter.[560] Här följer några citat från brevet som är intressanta för denna bok:

> *"Låt oss se på Kristi blod och förstå hur dyrbart*
> *det är för hans Gud och Fader, därför att det*
> *utgöts till vår frälsning och skänkte*
> *omvändelsens nåd åt hela världen. Låt oss gå*

---

560 Brevet finns bland annat med i Codex Alexandrinus.

igenom alla släkten och verkligen inse hur
Herren släkte efter släkte gett tillfälle till
sinnesändring åt dem som ville omvända sig åt
honom. Noa predikade bot, och de som lydde
honom blev räddade. Jona tillkännagav stadens
undergång för nineviterna, men de gjorde bot
för sina synder; de blidkade Gud genom sina
böner och blev räddade, fastän de var
främmande för Gud. "[561]

Detta citat uppenbarar att Clemens av Rom trodde att Kristi försoning gäller för hela världen. Det visar också att han trodde att människor kan gensvara på Guds kallelse till omvändelse. Gud ger dem tillfälle till omvändelse åt dem som han ser är villiga att omvända sig.

"Hur sälla och underbara är inte Guds gåvor,
mina älskade. Liv och odödlighet, glans i
rättfärdighet, sanning med frimodighet, tro i
förtröstan, återhållsamhet med helgelse; och
detta kan vi nu fatta. Vad är det nu som bereds
åt dem som håller ut? Tidsåldrarnas skapare
och fader, den Allhelige, känner själv dess
storhet och skönhet. Låt oss alltså kämpa för att
bli räknade bland dem som håller ut, för att vi
ska få del av de utlovade gåvorna. Hur ska detta
ske, mina vänner? Om vårt sinne är fast och
troget riktat mot Gud, om vi söker det som är
välbehagligt och angenämt för honom, om vi
gör det som svarar mot hans otadliga vilja,
följer sanningens väg och kastar ifrån oss all
orättfärdighet och ondska, girighet, tvister,

---

561 DE APOSTOLISKA FÄDERNA, övers. Andrén O. och Beskow P. (2006), s. 36.

dåliga seder och svek, skvaller och förtal, hat
mot Gud, övermod och stortalighet, tomt skryt
och ogästvänlighet. "[562]

Notera att Clemens skrev detta till kristna bröder och systrar. Han tog upp det hopp om ett underbart och evigt liv i odödlighet, som de genom tron på Kristus innehade. Utifrån det han sedan skrev, förutsatte han inte att de alla helt säkert skulle få del av detta, utan nämnde olika saker som utgör villkor för att de skulle förbli i Kristus och ärva det eviga livet genom honom. Vi kristna behöver alltså fortsätta vandra i tro och helgelse, säga nej till alla slags synder och göra saker som är goda och välbehagliga inför Gud. Clemens lärde med andra ord villkorlig säkerhet i frälsningen.

"Låt oss alltså lyda hans heliga och härliga
namn och undkomma de hot som visheten förut
uttalat mot de olydiga. Då kan vi få en trygg
boning i förtröstan på hans heliga och upphöjda
namn. Tag emot vårt råd: ni kommer inte att
ångra det. Ty så sant Gud lever och Herren
Jesus Kristus och den heliga Anden jämte de
utvaldas tro och hopp skall den som i ödmjukhet
och uthålligt saktmod uppfyller de krav och bud
Gud gett utan att ångra sig bli inordnad och
räknad bland deras antal som räddas genom
Jesus Kristus. "[563]

Även här gav Clemens utan tvekan uttryck för sin tro på villkorlig utkorelse till frälsning. Gud har inte alls förutbestämt vilka individer som ska bli frälsta, utan han låter var och en som tror på och bevisar sin tro genom lydnad av hans bud, bli del av den skara

---

562 Ibid. s. 54.
563 Ibid. s. 69.

människor som han låter bli frälsta genom Jesus Kristus. Det bör påpekas att Clemens beskriver andra delen av frälsningsprocessen, det vill säga vad som är nödvändigt för att förbli bland de utvalda som räddas genom tro Kristus. På ett annat ställe i brevet gör han det klart att ingen lydnad är nödvändig i samband med att man blir kristen, för att få bli född på nytt och bli ett Guds barn. Då är det endast av tro man blir frälst.[564]

Ignatios av Antiokia

Ignatios var ledare för församlingen i Antiokia under lång tid, kanske närmare fyra decennier.[565] Han skrev sju brev som vi har bevarade, varav ett till Polykarpos, biskop av Smyrna. Till slut fängslades han och fördes från Antiokia ända till Rom, där han led martyrdöden för tron på Kristus. Här är ett par exempel från hans brev som uppenbarar att han inte var kalvinist:

> *"Be ständigt, också för de andra människorna.*
> *För dem finns ju ett hopp om omvändelse, så att*
> *de når fram till Gud. Låt dem åtminstone lära*
> *sig av era gärningar. Inför deras vrede skall ni*
> *vara milda, inför deras skryt skall ni vara*
> *ödmjuka, inför deras hädelser skall ni be, inför*
> *deras villfarelser skall ni hålla fast vid er tro,*
> *inför deras vildhet skall ni vara fridsamma och*
> *inte försöka likna dem."[566]*

Ignatios skrev detta till de kristna i Efesos. Han uppmanar dem alltså att be för sina fiender, de ogudaktiga och råa hedningarna de levde bland. Trots att hedningarna levde så syndfulla liv, fanns det, enligt Ignatios, hopp för dem. Också de kunde komma till tro och

---

564 Ibid. s. 52 (32:4).
565 Mellan ca 69/70–107/108 e. Kr.
566 Ibid. s. 85.

omvändelse. Ignatios manar de kristna att be ständigt för de ofrälsta, och leva annorlunda än dem. På så sätt kommer de kunna vinna de ogudaktiga för Kristus. Vi finner här inget spår av tron på en ovillkorlig utkorelse till frälsning, utan tron på möjligheten för alla människor att bli frälsta genom tron på Kristus.

> *"Nu är den yttersta tiden. Låt oss nu skämmas,*
> *låt oss frukta Guds fördragsamhet så att den*
> *inte blir oss till dom. Antingen skall vi frukta*
> *den kommande vreden eller älska den nåd som*
> *finns nu, ett av de två, bara vi blir funna i Jesus*
> *Kristus till ett evigt liv. "*[567]

Ignatios trodde alltså på villkorlig säkerhet i frälsningen. Han förutsatte inte att alla de kristna i Efesos skulle bli frälsta till slut, utan underströk hur viktigt det var att de förblir i Kristus, så att de blir funna i honom till ett evigt liv.

Polykarpos

Enligt uppgift från Irenaeus, biskop i Lyon, som själv hade hört biskop Polykarpos predika i Smyrna, hade denne både undervisats av och insatts som biskop över församlingen i Smyrna av apostlar.[568] Det är till och med möjligt att han redan var biskop då Uppenbarelseboken skrevs. Som bekant var församlingen i Smyrna, tillsammans med församlingen i Filadelfia, bland de två av sju församlingar i Mindre Asien som inte fick någon negativ kritik av Herren själv. Polykarpus var trogen ledare för Guds församling ända till sin martyrdöd omkring år 155 e.Kr.[569] Han blev

---

567 Ibid. s. 85.

568 Against Heresies book III, 3:4. Hänvisningen är hämtad från s. 118 i DE APOSTOLISKA FÄDERNA.

569 Den första kristna martyrberättelsen (förutom de i Nya Testamentet) behandlar Polykarpos mycket märkliga martyrdöd. Romarna försökte bränna honom på bål, men elden hade ingen verkan på hans kropp. Man blev tvungen

mycket gammal, troligtvis flera år äldre än de 86 år han i samband
med sin martyrdöd uppgav att han hade tjänat Herren. Det finns
bara ett brev av Polykarpos bevarat, skrivet till de kristna i Filippi.
I det brevet finns bland annat följande klara undervisning, som visar
att inte heller han var kalvinist:

> *"Den som uppväckte honom från de döda skall*
> *uppväcka också oss, om vi gör hans vilja och*
> *vandrar i hans bud och älskar det som han har*
> *älskat, om vi avstår från all orätt, girighet,*
> *penningkärlek, allt förtal och falskt vittnesbörd.*
> *Löna inte ont med ont eller skymf med skymf,*
> *slag med slag, förbannelse med förbannelse.*
> *Tänk på vad Herren har lärt oss: "Förklara*
> *ingen skyldig, så bli ni inte dömda skyldiga. Var*
> *barmhärtiga, så skall ni möta barmhärtighet. Ty*
> *med den dom som ni mäter med skall det mätas*
> *upp åt er. Saliga är de fattiga och de som*
> *förföljs för rättfärdighetens skull, dem tillhör*
> *himmelriket."*

Polykarpos skrev detta till pånyttfödda kristna. Ändå tog han det
uppenbarligen inte för givet att de alla skulle bli frälsta till slut. Lite
tidigare i brevet skrev han emellertid: "Ni vet att det är av nåd som
ni är frälsta, inte av era gärningar utan av Guds goda vilja genom
Jesus Kristus." Vad? Låter det inte som att Polykarpos säger emot
sig själv helt? Först skriver han att de är frälsta av nåd genom tron,
utan gärningar, men endast några rader senare skriver han att Gud
ska uppväcka dem [till evigt liv] "om de gör hans vilja och vandrar

---

i hans bud...!" Hur går det ihop? Jo, då Polykarpos först talar om att de är frälsta av nåd genom tron, i harmoni med protestantisk teologi, syftar han på hur de blev födda på nytt och Guds barn från första början. I samband med att man blir kristen, behöver man inte alls åstadkomma några gärningar, utan man blir frälst endast av nåd genom tron på Kristus. Detta innebär dock inte att man för tid och evighet har en hundraprocentigt säker plats i himlen. Om man dör nästan med en gång efter att man blivit frälst, kommer man helt säkert till himlen, precis som rövaren på korset, som ju inte han leva i trons lydnad av Herren. De allra flesta kristna har dock en lång vandring framför sig på den smala vägen och vi behöver förbli trogna Kristus under hela vårt liv, för att till slut få del av det eviga livet. Om vi börjar leva i synd och olydnad av Jesu bud, kommer vi inte att bli frälsta till slut, utan tvärtom drabbas av en ännu hårdare dom än vi skulle ha fått om vi aldrig blivit kristna överhuvudtaget.[570] Detta lärde de tidiga kristna enhälligt.

Barnabasbrevet

Troligtvis är denna skrift inte skriven av aposteln Paulus medarbetare Barnabas. Dateringen varierar mellan ca år 70–130 e.Kr. Det är alltså en mycket tidig kristen skrift, som skrevs av en renlärig kristen. Därför är det intressant att se vad författaren hade för läror. Även i denna skrift finner man flera citat som visar att författaren inte var kalvinist, däribland dessa:

> *"Låt oss därför vara uppmärksamma under de
> sista dagarna. Hela vår tid i tro blir oss inte till
> någon hjälp, om vi inte nu i den laglösa
> tidsåldern och under de kommande
> förförelserna står emot, som det anstår Guds
> söner. Låt oss fly bort från allt tomt och*

---

570 Luk. 12:47f; Hebr. 10:26-31; 2 Petr. 2:20ff.

*helhjärtat hata den onda vägens gärningar, för
att den svarte inte ska kunna smyga sig in. Slut
er inte inne för er själva som om ni redan var
rättfärdiggjorda, utan kom tillsammans för att
gemensamt ta emot det som styrker vår
gemenskap. ... Låt oss inte förlita oss på att vi
är kallade och slumra in i våra synder, så att
inte den onde fursten kan komma och ta väldet
över oss och stöta bort oss från Herrens
rike."*[571]

*"Det är väl, när den som lärt sig Herrens bud,
de som finns nerskrivna, också vandrar i dem.
Ty den som gör det skall förhärligas i Guds
rike. Men den som väljer det andra skall förgås
med sina gärningar. Därför finns det en
uppståndelse, därför finns det en
vedergällning."*[572]

Författaren av Barnabasbrevet lärde alltså ett kristna kan förlora sin frälsning, genom att avfalla från tron och/eller börja leva i synd mot Herren. Han betonade också lydnad av Herren Jesu bud, de som finns nerskrivna i evangelierna. De som väljer att leva i olydnad mot Gud, kommer att drabbas av domen. Barnabasbrevets lära stödjer alltså synen att människans vilja är fri att lyda Gud eller inte.

2 Clemensbrevet

Denna skrift är egentligen inte ett brev, utan den äldsta bevarade predikan från fornkyrkan. Förmodligen var det inte Clemens av Rom som skrev det, men eftersom han hade så stort anseende i den tidiga kyrkan, utkom ett antal skrifter i hans namn med tiden. De

---

571 DE APOSTOLISKA FÄDERNA, s. 163.
572 Ibid. s. 186.

196

flesta forskare tror att skriften skrevs någon gång mellan 120 och 150 e.Kr.

Författaren av predikan riktar uppenbarligen undervisningen till personer som redan är kristna. I första versen kallar han dem nämligen "bröder" och skriver att "vi bör inte tänka lågt om vår frälsning."[573] I kapitel 3 vers 3, skriver författaren att vi är kallade att bekänna "honom genom vilken vi har blivit frälsta."[574] Han syftar uppenbarligen på den första delen av frälsningen, pånyttfödelsen. Det framkommer dock av resten av predikan att han inte trodde på läran om ovillkorlig säkerhet i frälsningen för pånyttfödda kristna. Några exempel som visar detta är dessa citat:

"Och ni skall veta, bröder, att denna kropp vistas i denna världen endast en liten tid, men Kristi löfte är stort och underbart. Det innebär vila i det kommande riket och evigt liv. Vad skall vi då göra för att uppnå detta annat än att vi vandrar heligt och rättfärdigt och räknar det som hör till denna världen som något främmande och inte står efter det? Ty om vi åtrår det avfaller vi från den rättfärdiga vägen."[575]

"Ty om vi gör Kristi vilja, skall vi finna vila. Annars kommer ingenting att kunna frälsa oss från det eviga straffet om vi är olydiga mot hans bud."[576]

---

573 Ibid. s. 140.
574 Ibid. s. 142.
575 Ibid. s. 143.
576 Ibid. s. 144.

> *"Ty sedan vi har gått ut ur världen kan vi inte
> längre där bekänna synden eller göra bot.
> Därför, bröder, om vi gör Faderns vilja,
> bevarar köttet rent och håller Herrens bud, så
> skall vi få evigt liv."*[577]

> *"Bröder, när vi nu har fått så goda skäl att göra
> bot, så låt oss medan vi har tid vända om till
> den Gud som har kallat oss, så länge som vi
> ännu har den som tar emot oss. Ty om vi
> avsäger oss dessa lustar och övervinner vår
> egen själ genom att inte tillfredsställa dessa
> onda begär skall vi få del av Jesu
> barmhärtighet.*[578]

> *"Låt oss alltså leva rättfärdigt för att till sist bli
> räddade. Saliga är de som lyder dessa
> föreskrifter: Även om de en liten tid skulle få
> lida i denna värld, så skall de få njuta
> uppståndelsens odödliga frukt."*[579]

Det råder alltså ingen tvekan om att författaren av 2 Clemensbrevet inte var kalvinist, utan förespråkade villkorlig säkerhet i frälsningen för pånyttfödda kristna. Han lärde att vi måste förbli i Kristus, genom att leva i lydnad av Kristi bud. I annat fall går även tidigare frälsta kristna förlorade.

Hermas Herden

Denna skrift hade högt anseende i den tidiga kyrkan och vissa menade till och med att den ingick bland Nya Testamentets

---

577 Ibid. s. 145.
578 Ibid. s. 149–150.
579 Ibid. s. 151–152.

198

kanoniska böcker.[580] Boken skrevs förmodligen under perioden 100–150 e.Kr. och innehåller bland annat många syner och liknelser som har med kyrkan och dess medlemmar att göra. Författaren betonar starkt vikten av omvändelse för ljumma kristna, som börjat ta det lätt med vissa synder. Skriften är lång och innehåller väldigt mycket material som visar att författaren inte var kalvinist, men följande utgör några tydliga citat som visar detta:

*Men det är inte därför som Gud vredgas på dig.
Men han vill att du skall få dina barn att
omvända sig, ty de är trotsiga mot Herren och
mot er, deras föräldrar. Men eftersom du är
svag för barn förmanade du dem inte utan lät
dem skämmas bort förfärligt. Därför är Herren
vred på dig. Men han vill hela allt det onda som
har skett i din familj. ... Sluta därför inte upp att
förmana dina barn! Ty jag vet att om de ångrar
sig av allt hjärta skall de bli inskrivna i livets
bok tillsammans med de heliga.*[581]

*Men du blir räddad därför att du inte avfallit
från den levande Guden, och därtill kommer din
uppriktighet och stora självbehärskning. Detta
har räddat dig, om du håller fast vid det. Och
det räddar alla dem som gör detsamma och
vandrar i oskuld och uppriktighet. Dessa skall
övervinna all ondska och bestå till evigt liv.
Saliga är alla som övar rättfärdighet. De skall
aldrig i evighet förgås.*[582]

---

580 Ibid. s. 224.
581 Ibid. s. 230.
582 Ibid. s. 233.

*Från det tolfte berget, det vita, är de som
kommit till tro sådana: De är som oskyldiga
små barn, hos vilka ingenting ont stiger upp i
hjärtat, och inte heller vet de vad ondska är,
utan de har alltid levat i oskuld. ... Ni alla som
förblir sådana och är som barn, utan ondska, ni
skall bli ännu mer ärade än alla de förut
nämnda. Ty alla små barn är ärade hos Gud
och står närmast honom. Saliga är ni alla som
skaffar bort ondskan från er och istället klär er i
oskulden. Ni skall främst av alla få leva för
Gud.*[583]

*När Herren såg att deras bot var hel och ren
och att de kunde hålla fast vid den, befallde han
att deras tidigare synder skulle utplånas.*[584]

Enligt Hermas har Gud alltså inte haft namnen på de han har förutbestämt till frälsning uppskrivna i livets bok långt innan någon av oss fanns till, utan människor blir inskrivna i livets bok i samband med att man helhjärtat omvänder sig till Herren. Det är inte Guds förutbestämmelse av människor till frälsning som leder till att de kommer till tro och omvänder sig. Möjligheten till omvändelse finns för alla människor och alla har möjligheten att få sitt namn skrivet i livets bok. Förutsättningen för att bli uppskriven i livets bok är att man uppriktigt omvänder sig. Gud ser människors hjärtan och vet om de verkligen menar allvar med sin omvändelse. Endast de som helhjärtat omvänder sig från sina synder, blir förlåtna. Detta förutsätter förstås människans fria vilja, med vilken hon kan gensvara på Guds maning till omvändelse.

---

583 Ibid. s. 315.
584 Ibid. s. 318.

Vi ser också att författaren av boken lär villkorlig säkerhet i frälsningen för kristna. Alla kristna som vill nå fram till den slutliga frälsningen, måste förbli trogna Kristus hela livet och avhålla sig från synd. Enligt bokens författare är små barn dessutom oskyldiga inför Gud och kommer till himlen om de dör. Människan är alltså inte född som en genomfördärvad syndare, vilket kalvinismen lär, utan från början vet vi inte ens vad ondska är. Detta innebär inte att människan inte har en fallen natur, som senare driver alla människor till att synda. De tidiga kristna hade dock en hög syn på människans fria vilja och menade att vi i hög utsträckning kan välja att göra det goda och inte det onda, men inte till den grad att någon är helt utan synd. Vi vet utifrån Bibelns vittnesbörd att det har funnits människor som har levt mycket rättfärdiga liv, såsom Noa, Daniel och Job.[585]

Justinus Martyren

Som hans tillnamn antyder, dog han som martyr, ca år 165 e.Kr. Han föddes ca år 100 och växte upp i Samarien. Som ung var Justinus mycket intresserad av grekisk filosofi, men efter ett möte med en äldre kristen man på en strand, blev han överbevisad om att den kristna tron var överlägsen all världslig visdom. Han blev en ihärdig evangelist och apologet (försvarare) för den kristna tron. Jag har inte läst igenom alla hans skrifter, men utgår från kyrkohistorikern David Bercots bok med citat från de tidiga kristna om många olika ämnen.[586] Det framgår tydligt att Justinus lärde fri vilja och att det är upp till varje människa att gensvara på Guds nåd och kallelse till frälsning och nytt liv, eller stå emot sanningen till fördömelse. Detta visar bland annat följande citat:[587]

585 Hes. 14:13-20.
586 A DICTIONARY of EARLY CHRISTIAN BELIEFS, ed. Bercot D., 1998, Hendrickson Publishers.
587 Egen översättning av citaten till svenska.

Vi har av profeterna lärt oss, och vi håller det för sant, att straff, tuktan, och goda belöningar, ges i enlighet med vad var och en förtjänar för sina handlingar. Nu, om detta inte skulle stämma, utan allt som händer är ödesbestämt, då står inte heller något i vår egen makt. Ty om det är förutbestämt att denna man ska vara god, och att denne andre man ska vara ond, då är inte den förste värd beröm, ej heller är den senare värd klander. Och vidare, om inte mänskligheten har kraften att undvika det onda och välja det goda genom fria val, är ingen ansvarig för sina handlingar.[588]

De som väljer det som är välbehagligt inför honom är, på grund av sitt val, ansedda värda oförgänglighet och gemenskap med honom.[589]

Vid vår födelse, föddes vi utan vår egen kunskap och vårt eget val, genom att våra föräldrar kom samman. ... För att vi inte ska förbli nödvändighetens och okunnighetens barn, utan må bli valets och kunskapens barn, och i vattnet må erhålla förlåtelse för tidigare begångna synder, uttalas över honom som väljer att bli född på nytt, och har omvänt sig från sina synder, Gud Faderns och Herren över universums namn ... Och i Jesu Kristi namn ... och i den helige Andes namn.[590]

---

588 A DICTIONARY of EARLY CHRISTIAN BELIEFS, s. 285.
589 Ibid. s. 580.
590 Ibid. s. 51.

Det är alltså uppenbart att inte heller Justinus Martyren var kalvinist, utan förespråkare av alla människors fria vilja. Om någon är kristen och lever i enlighet med Guds vilja, beror det inte på att Gud hade förutbestämt att just den personen skulle bli frälst och bli en god människa, utan på att personen gensvarade på Guds kallelse till omvändelse, och valde att bli född på nytt genom tron och dopet. Sedan väljer alla pånyttfödda kristna om de ska fortsätta leva för Jesus och lära sig att lyda hans bud, i kraft av Anden, eller inte.

Irenaeus av Lyon

Irenaeus levde mellan ca 130 och 202 e.Kr. Han skrev många skrifter mot de gnostiska villolärorna. Mycket av vår kunskap om gnosticismen kommer därför från hans skrifter. I sin ungdom tog Irenaeus del av Polykarpos undervisning och det är därför troligt att han kom från Smyrna. Lite före år 180 e.Kr. blev han biskop i Lyon i dagens Frankrike. De flesta av hans skrifter dateras också till ca år 180 e.Kr. Bland annat följande citat visar att han inte var kalvinist:[591]

> *Men människan, som utrustats med förnuft, och*
> *som i detta avseende är lik Gud, i det att hennes*
> *vilja gjorts fri, och har kraft över sig själv, är*
> *själv orsak till att hon ibland blir vete och*
> *ibland agnar.*[592]

> *"Låt ert ljus så lysa för människorna, att de må*
> *se era goda gärningar." ... Och "Varför kallar*
> *ni mig Herre, Herre, och gör inte de saker jag*
> *säger?" ... Alla sådana passager demonstrerar*

---

591 Jag har inte läst igenom Irenaeus skrifter heller, utan utgår från citat hämtade från A DICTIONARY of EARLY CHRISTIAN BELIEFS. Översättningen till svenska är min egen.
592 Ibid. s. 286.

*människans självständiga vilja. ... Ty
människan är i stånd att vara olydig mot Gud
och ge upp det som är gott.*[593]

*De som tror, gör hans vilja av eget val. På
samma sätt samtycker heller inte de olydiga till
hans lära, av eget val. Det står klart att hans
Fader har gjort var och en i samma skick, varje
person har sitt eget val och ett fritt förstånd.*[594]

Irenaeus menade alltså att människans fria vilja utgör en del av vad
det innebär att vi har skapats till Guds avbild. Varje människa är i
stånd att välja sitt eget öde, genom de val hon gör i relation till Gud
och hans undervisning. Irenaeus lärde uppenbarligen att människor
som en gång var förlorade, det vill säga agnar, kan välja att vara en
del av Guds barn, det vill säga vara vetet som får ärva evigt liv.
Personer som för närvarande är vete kan, å andra sidan, genom att
välja synd och otro, bli agnar som går evigt förlorade.

Kapitel 8 – Vad har de här sakerna egentligen för betydelse?

Har det någon praktisk betydelse om man tror på kalvinismens läror
eller inte? Är det egentligen inget annat än teologiska hårklyverier,
som de håller på med, som intresserar sig för de saker vi har
behandlat i den här boken? Man kan väl vara en god kristen även
som kalvinist? Det är helt sant att det både i vår tid och i historien
har funnits många goda kristna som är eller var kalvinister. Stora
predikanter, som förde väldigt många människor till tro på Herren

---

593 Ibid. s. 287.
594 Ibid. s. 287.

204

Jesus genom sin förkunnelse, såsom George Whitefield och Charles Spurgeon, var kalvinister. Kalvinismens läror är inte i sig så allvarliga att man går förlorad enbart på grund av att man tror på dem, om man samtidigt älskar Herren och lever för honom. Många kalvinister tror enbart intellektuellt att kalvinismens läror är bibliska, men lever inte annorlunda än andra kristna som följer Jesus hängivet. De tar alltså evangelisation och lärjungaskap på stort allvar, vilket är det viktigaste.

Gud vill emellertid inte att hans folk ska vara splittrat till följd av att vi inte har samma lära. Ända sedan reformationen på 1500-talet har bibeltroende kristna varit väldigt splittrade på grund av olika lärofrågor. En av de lärofrågor som orsakat mest spänning och splittring mellan kristna som tar Bibeln på allvar är just synen på predestination och fri vilja. En stor anledning till att kristna splittrats till följd av att man inte kunnat enas om vad Bibeln lär, är att man har ägnat sig åt något som på engelska kallas "proof-texting." Detta innebär att man överbetonar vissa bibeltexter, som verkar ge stöd åt en viss lära, medan man samtidigt får problem med många andra ställen, som man behöver bortförklara på olika sätt. Författaren till denna bok har strävat efter att inte göra detta, utan vill basera mina slutsatser på vad Bibeln i sin helhet lär.

Givetvis är jag medveten om att jag inte är felfri, utan en enkel broder, som inte har omfattande kunskaper i Bibelns grundspråk, främst hebreiska och grekiska. Därför stödjer jag även mina slutsatser på vad de första generationernas kristna faktiskt lärde. Dessa talade grekiska flytande, levde i ungefär samma kultur som apostlarna och några av dem var personliga lärjungar till en eller flera apostlar. Om bevismaterialet från deras skrifter hade visat att de hade kalvinistisk teologi, hade det varit svårt att hävda att kyrkan i stort sett omedelbart avföll från den rätta läran, för att anamma kalvinismens läror. Bevismaterialet pekar emellertid i en helt annan riktning. Som vi har kunnat konstatera var de tidiga kristna, utan undantag, förespråkare av fri vilja och villkorlig utkorelse till frälsning. Med tanke på hur mycket bibelstöd som dessutom finns för dessa läror, bör det egentligen vara omöjligt att hålla fast vid kalvinismens läror. Ingen kristen författare förespråkade liknande läror under nästan 400 års tid. Det var Augustinus som, i kamp med pelagianernas överdrivna tilltro till människans förmåga att leva ett syndfritt liv, gick i det andra diket genom att helt förneka att människan med sin vilja är i stånd att gensvara på Guds ord och omvända sig.

Vi kristna är kallade att "kämpa för den tro som en gång för alla har överlämnats åt de heliga."[595] Om kalvinismens läror är i strid med summan av Guds ord, och hela den tidiga kristna kyrkans vittnesbörd, ska vi förkasta dem. Gud vill att vi ska vara enade och vi behöver i ödmjukhet förkasta allt vi tror på som inte överensstämmer med det som hela kyrkan trodde från början. Utan ödmjukhet och vilja att låta oss korrigeras, är det omöjligt för oss kristna att komma ur felaktiga läror och bli enade angående alla viktiga lärofrågor. Dessutom är kalvinismens läror så pass allvarliga, att de ger oss en felaktig bild av Guds karaktär. Vi är kallade att växa till i kunskapen om Gud,[596] vilket kan hindras av ett falskt teologiskt lärosystem. Det är allvarligt att mena att det är Gud som har förutbestämt vilka individer som ska bli frälsta och vilka som ska gå förlorade, helt ovillkorligen. I förlängningen måste detta innebära att Gud också har förutbestämt att människor ska bli bedragna av olika falska religioner och ideologier, såsom islam, hinduism, buddism, ateism och så vidare. Gud måste också ha förutbestämt vilka som ska få höra det sanna evangeliet och bli frälsta, medan alla andra utlämnas åt att enbart tro alla möjliga lögner och villoläror. De människor som aldrig får höra sanningen, var av Gud förutbestämda att inte få höra evangeliet, eftersom han

---

595 Judas 3.
596 Ef. 1:17.

inte ville att de skulle bli frälsta, enligt logiskt konsekvent kalvinism.

Kristna som tror att Bibeln lär kalvinism kan dessutom få problem med sin frälsningsvisshet. I och med att kalvinismen lär att Gud inte vill att alla människor ska bli frälsta, kan man hamna i tvivel över om man verkligen tillhör de utvalda, eller inte. Detta kan i sin tur hämma kristna med sådana tvivel, och hindra dem att komma in i det aktiva och fruktbärande kristna liv som Gud vill att alla hans barn ska leva. Om vi istället har en rätt förståelse av Bibelns undervisning om Guds kärlek och uppriktiga vilja att alla människor ska bli frälsta, kan vi vara säkra på att vi tillhör de utvalda, så länge vi genom tron lever i gemenskap med Kristus, och vandrar i trons lydnad. Trons lydnad innebär att man inte lever i medvetet uppror och olydnad mot Kristi befallningar. Det innebär alltså inte att man aldrig syndar och så länge man fortsätter att uppriktigt ångra sina synder, och bekänner dem, innehar man rening från all synd genom Jesu dyrbara blod, och befinner sig i ett frälst tillstånd.[597]

Kalvinismens läror kan vidare ha negativ inverkan på spridningen av evangeliet. En del kalvinister tar sina läror till deras logiska konsekvens och menar att det inte är nödvändigt med mission och evangelisation, eftersom de utvalda i vilket fall som helst kommer att bli frälsta. Kalvinismens fem punkter innebär ju att det är helt säkert att de utvalda kommer att bli frälsta, medan alla andra kommer att gå förlorade. Människor som hade kunnat bli mer fruktbärande lärjungar till Jesus, kan vidare ledas in i passivitet i sitt kristna liv, om de tror att allt är förutbestämt av Gud, även deras nivå av andligt liv och lärjungaskap. I värsta fall kan kristna som tror på kalvinismens lära om ovillkorlig säkerhet i frälsningen till och med gå förlorade, om de börjar leva i olydnad mot Jesu bud,

---

597 1 Joh. 1:7ff.

såsom att gifta om sig efter en skilsmässa eller delta i dödande av andra människor i krig. Det förekommer även att kristna med kalvinistisk teologi avsäger sig den kristna tron, eftersom de tror att Bibeln verkligen lär att Gud inte älskar alla människor, utan har valt att hata och fördöma majoriteten av alla människor som finns och har funnits. De kan inte tro på en så ond och godtycklig gud, vilket leder till att de helt förkastar den kristna tron. Därför är det viktigt att rätt utlägga Bibelns undervisning, så att inte människor som hade kunnat bli frälsta hindras från att bli troende eller från att förbli i tron.

En fråga jag lämnar öppen är om konsekvent 5-punktskalvinism bör räknas som ett annat evangelium.[598] Den av de fem punkterna som definitivt är i strid med evangeliets grundläggande budskap är den tredje, det vill säga läran att Jesus inte dog för att försona alla människor med Gud, utan enbart de utvalda. Det är mycket allvarligt att förneka att Jesus lidit döden för att göra det möjligt för alla människor att få förlåtelse och rening från sina synder, och del av det eviga livet i Guds rike. Jag lutar åt att det faktiskt bör räknas som ett annat evangelium. Detta behöver ändå inte betyda att alla kalvinister som håller fast vid läran om begränsad försoning är förtappade. Det blir dock värre för kalvinistiska predikanter och evangelister, som kommer att få göra räkenskap inför Gud på domens dag över vad de har förkunnat. Lärare kommer att få en desto strängare dom[599] och det är inte orimligt att Gud kommer att fördöma många reformerta predikanter, i synnerhet sådana som betonat sin falska teologi och bidragit till att människor tagit avstånd av den kristna tron.

Ett viktigt syfte med denna bok har varit att göra det klart att alla människors eviga öde inte är förutbestämt av Gud. Guds uppriktiga

---

598 Gal. 1:6ff.
599 Jak. 3:1.

vilja är att alla människor ska bli frälsta och det gör verkligen skillnad om du och jag ber för de ofrälsta eller inte, vittnar för dem eller inte, gör goda gärningar för dem eller inte. Det har också stor betydelse om Guds folk är enat och verkar tillsammans för Guds rike, eller inte. Många fler människor kan bli frälsta på vår jord, om Guds folk är enat, precis som fallet var under kyrkans första århundraden. Då vann man miljontals människor för Herren, trots att jordens befolkning då endast var en bråkdel av vad den är idag.[600] Om du är kristen, är du en lem i Kristi kropp. Du tillhör hans utvalda folk och har kallelsen att verka för kroppens sammanhållning och enhet. Jesus har inte gett sitt blod för ett harem av flera hustrur, till exempel "den presbyterianska kyrkan," "den anglikanska kyrkan," "den lutherska kyrkan," "den reformerta-baptistiska kyrkan," "pingstkyrkan," och så vidare. Guds Sons blod utgöts för "Guds församling."[601]

All splittring mellan bibeltroende kristna är därmed syndig och avskyvärd inför Gud. Splittringar och villoläror är exempel på köttets gärningar och Guds ord säger uttryckligen att de som gör dessa gärningar inte ska ärva Guds rike![602] Detta är oerhört allvarligt och om vi på något sätt bidrar till splittringen mellan kristna riskerar också vi att gå förlorade! Låt oss alla gå till botten med vad de första generationernas kristna verkligen trodde och praktiserade och ta avstånd från alla läror och traditioner som tillkommit senare under kyrkans historia. Allt måste dock grundligen prövas mot summan av Guds ord. Till syvende och sist är det nämligen inte de tidiga kristna författarna som är vår yttersta auktoritet, utan Jesu och apostlarnas undervisning i Nya Testamentet. De tidiga kristna skrifterna kan emellertid hjälpa oss moderna kristna att rätt förstå och tillämpa Nya Testamentets

---

600 Kanske ungefär 250 miljoner.
601 Apg. 20:28.
602 Gal. 5:19ff.

undervisning, gällande de läror som de tidiga kristna var enade om. Låt oss alla omvända oss från sekterism och kärlek till ett visst samfund, lärosystem eller tradition, för att istället endast hålla oss till den tro och apostoliska tradition som "en gång för alla har överlämnats åt de heliga." Amen!

Käll- och litteraturhänvisning

K. Aland, *DID THE EARLY CHURCH BAPTIZE INFANTS?* Wipf & Stock PUBLISHERS, 1961.

O. Andrén & P. Beskow (övers.), *DE APOSTOLISKA FÄDERNA*, Artos Bokförlag och översättarna, 2006.

O. Andrén (övers.), *EUSEBIOS KYRKOHISTORIA*, Artos & Norma Bokförlag, 2007.

D. Bercot, red., *A DICTIONARY OF EARLY CHRISTIAN BELIEFS – A Reference Guide to More Than 700 Topics Discussed by the Early Church Fathers*, Hendrickson Publishers, Inc., 1998.

Bibeln – Bibelkommissionens översättning, (Bibel 2000) Svenska Bibelsällskapet och Bokförlaget Libris, 2000.

G.A. Boyd, *God of the Possible – A Biblical Introduction to the Open View of God*, Baker Books, 2000.

T.W. Brents, *THE GOSPEL PLAN OF SALVATION*, Gospel Advocate Co., 1977. (Boken utgavs första gången år 1874)

R.S. Foster, *Objections to Calvinism As It is, in a Series of Letters Addressed to Rev. N.L. Rice by R.S. Foster, With An Appendix, Containing Replies an Rejoinders,* SWORMSTEDT AND POE, 1856.

T. Gilbrant (Internationell redaktör), *Svensk Studiebibel*, (Bibeltext Svenska Folkbibeln 1998) Livets Ords Förlag, 1999, 2004, 2008.

G. Goletiani, *DER GNOSTISCHE EINFLUSS IN DER REFORMATION* (Band 1), Books on Demand, Norderstedt, 2021.

I. Heikel och A. Fridrichsen, *GREKISK-SVENSK ORDBOK TILL NYA TESTAMENTET OCH DE APOSTOLISKA FÄDERNA*, Bibelakademiförlaget/Svenska Bibelsällskapet, 2013.

T. Johansson, *Reformationens huvudfrågor och arvet från Augustinus – En studie i Martin Chemnitz' Augustinusreception*, Församlingsförlaget, 1999.

Nestle-Aland, *NOVUM TESTAMENTUM GRAECE*, Deutsche Bibelgesellschaft/Hendrickson Publishers, 2006.

Nya Testamentet – Reformationsbibeln, Svenska Reformationsbibelsällskapet, 2016.

G.E. Smock, *The Mystery of Christ Revealed: The Key to Understanding Predestination*, LuLu.com, 2009.

Svenska Folkbibeln 2015, Stiftelsen Svenska Folkbibeln (Gamla Testamentet), 1998, 2015. Stiftelsen Svenska Folkbibeln och Stiftelsen Biblicum (Nya Testamentet), 1996, 1998, 2015.

Internetkällor

https://www.biblehub.com

https://www.scrollpublishing.com/store/Luther-New-Testament.html.

https://scrollpublishing.com/products/audio-set-the-apocrypha-separating-myth-from-fact